Inga Borges & Silke Guhlmann

Skandinavischer Häkelzauber

Inga Borges & Silke Guhlmann

Skandinavischer Häkelzauber

Wohlfühlen mit Wolle

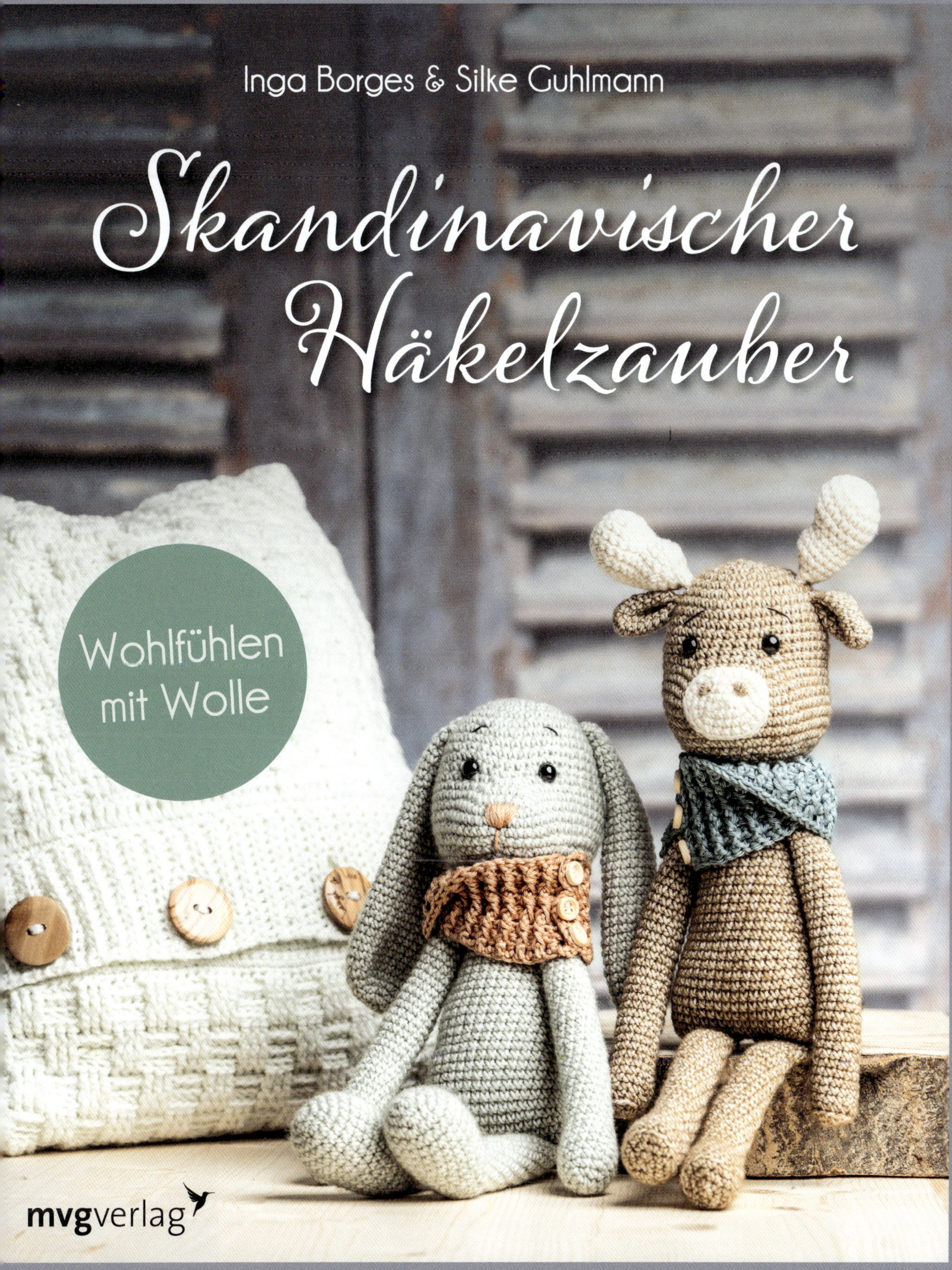

mvgverlag

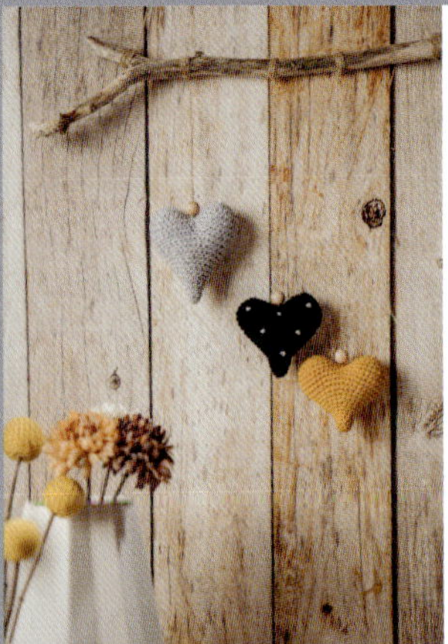
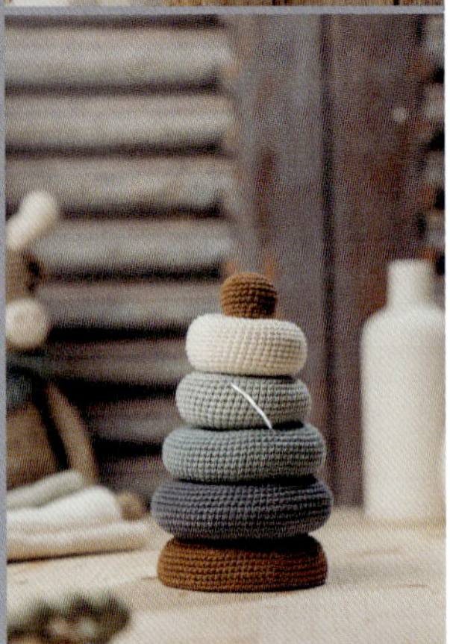
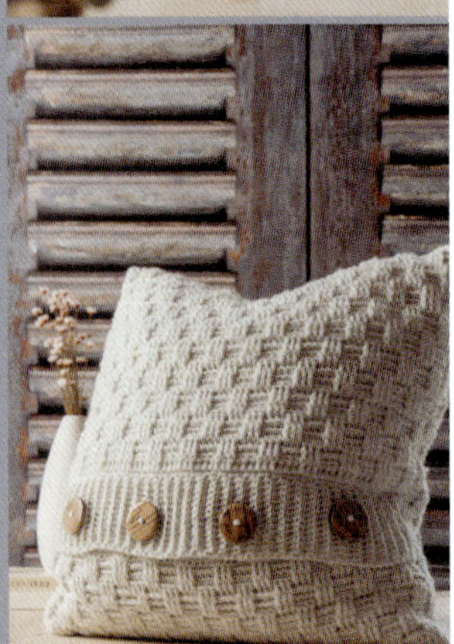
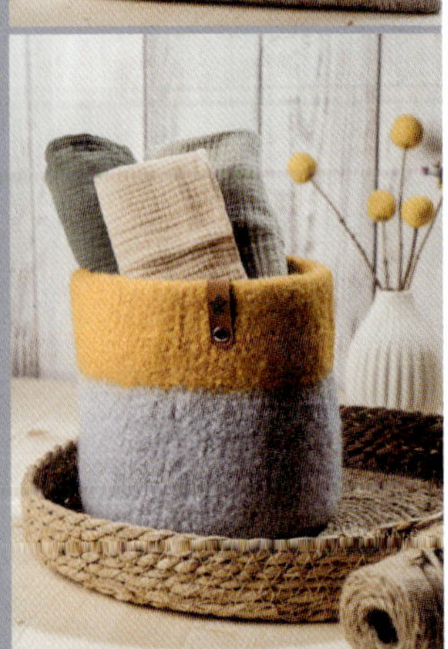

Inhaltsverzeichnis

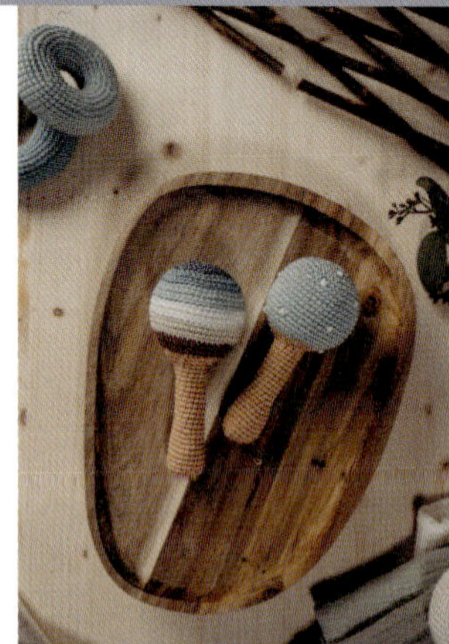
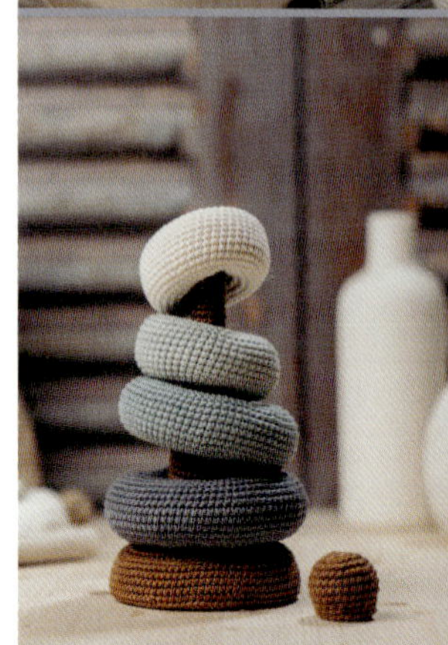
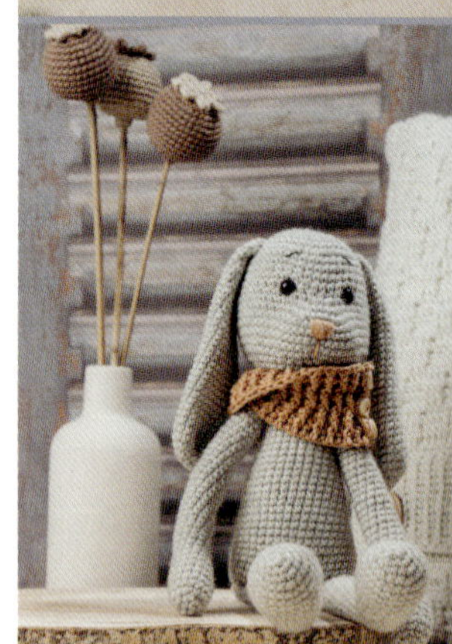
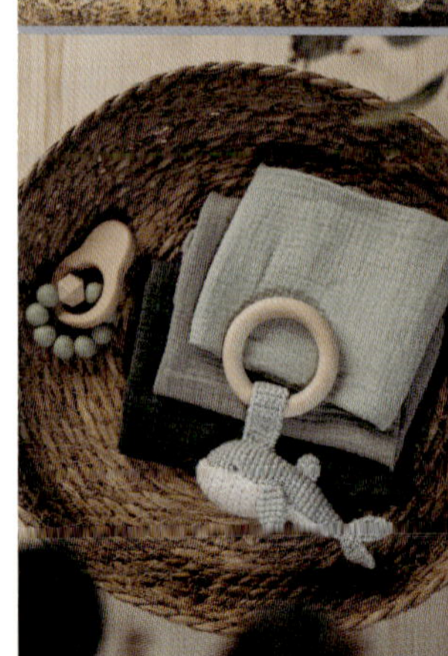

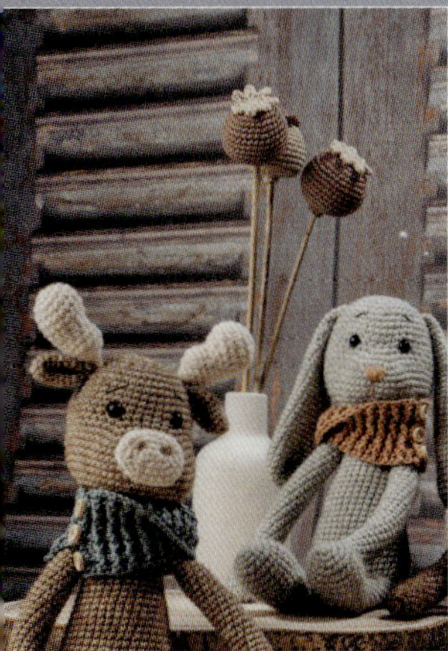
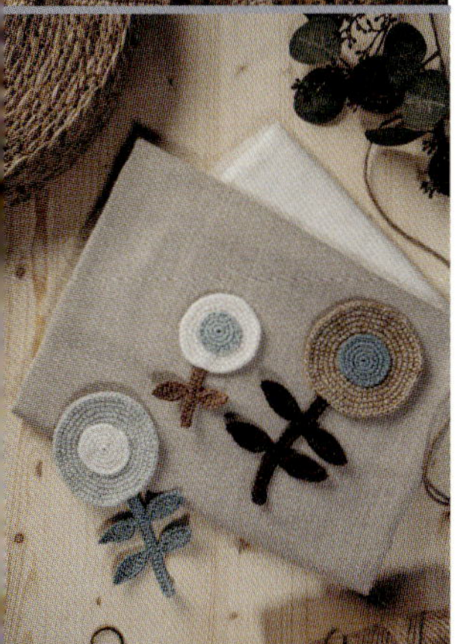
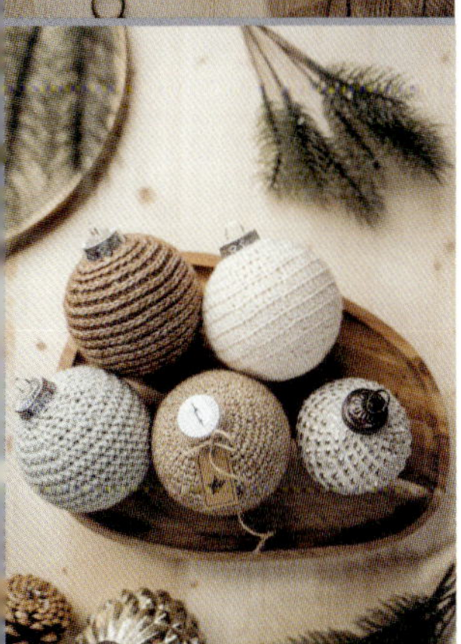
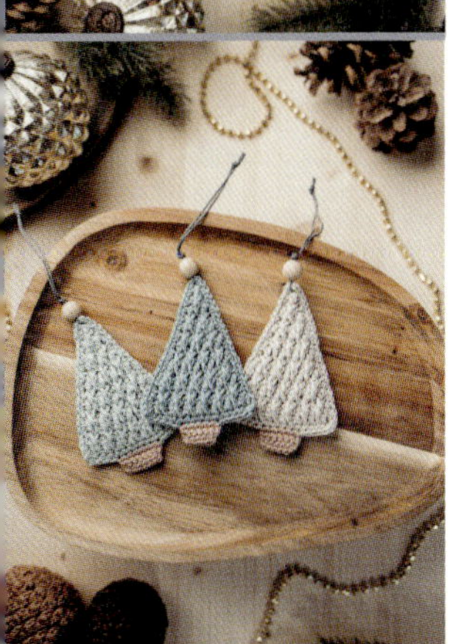

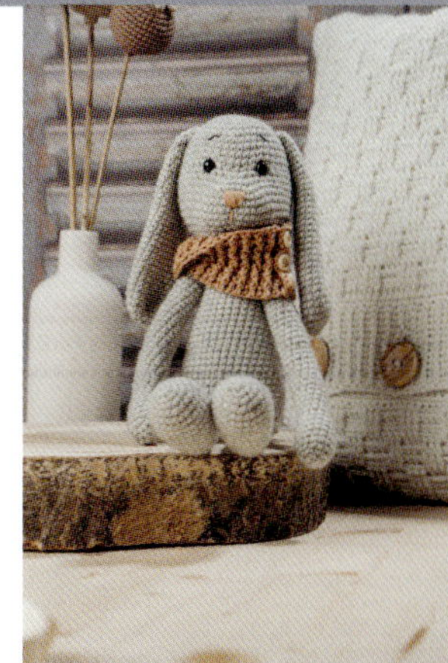
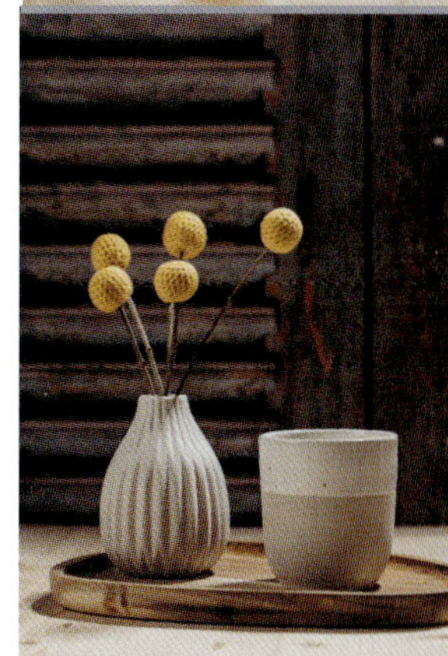
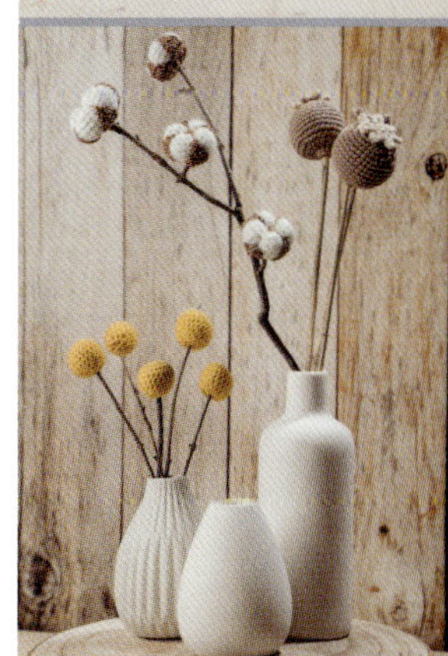
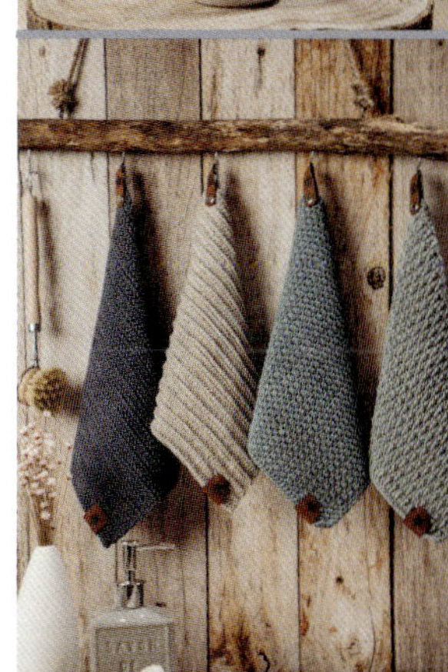

Vorwort

Vielleicht fragst du dich gerade, was denn dieser *Skandinavische Häkelzauber* sein soll? Erst einmal freut es uns sehr, dass du dieses Buch gerade in den Händen hältst und dieser Frage nachgehen möchtest. In diesem Buch findest du unterschiedliche Projekte, die aber eines gemeinsam haben – sie wollen dein Zuhause ein bisschen schöner machen. Vom Stil sind sie eher klar und schlicht, ohne viel Schnörkel und Kitsch. Wir nehmen dich ein bisschen mit in unsere hyggelige Welt.

Aber was ist eigentlich dieses *hyggelig*?

Hygge ist das Fokussieren auf die kleinen, schönen und gemütlichen Dinge im Leben, das bewusste Genießen und Sich-Zeit-Nehmen für Momente, die uns ein beruhigendes Gefühl geben. Sei es ein spannendes Buch zu lesen, eine Tasse Tee in Ruhe zu genießen, gemütlich unter einer Decke zu kuscheln oder die Regentropfen zu bestaunen, die am Fenster herunterlaufen. Durch diese glücklichen Momente fühlen wir uns in unserem Zuhause angekommen.

Damit du deine vier Wände noch ein bisschen gemütlicher gestalten kannst, ist dieses Buch entstanden. Wir nehmen dich mit, von Küche und Bad, über dein Wohnzimmer bis hinein ins Kinderzimmer. Häkle dir schöne und bunte Küchentücher, kuschelige Kissen, bezaubernde Deko-Elemente oder lasse Kinderaugen erstrahlen, wenn sie ihr neues Spielzeug entdecken.

Und denke immer daran: »Häkeln macht glücklich – mehr häkeln macht glücklicher!«

Hyggelige Grüße senden dir

Inga & Silke

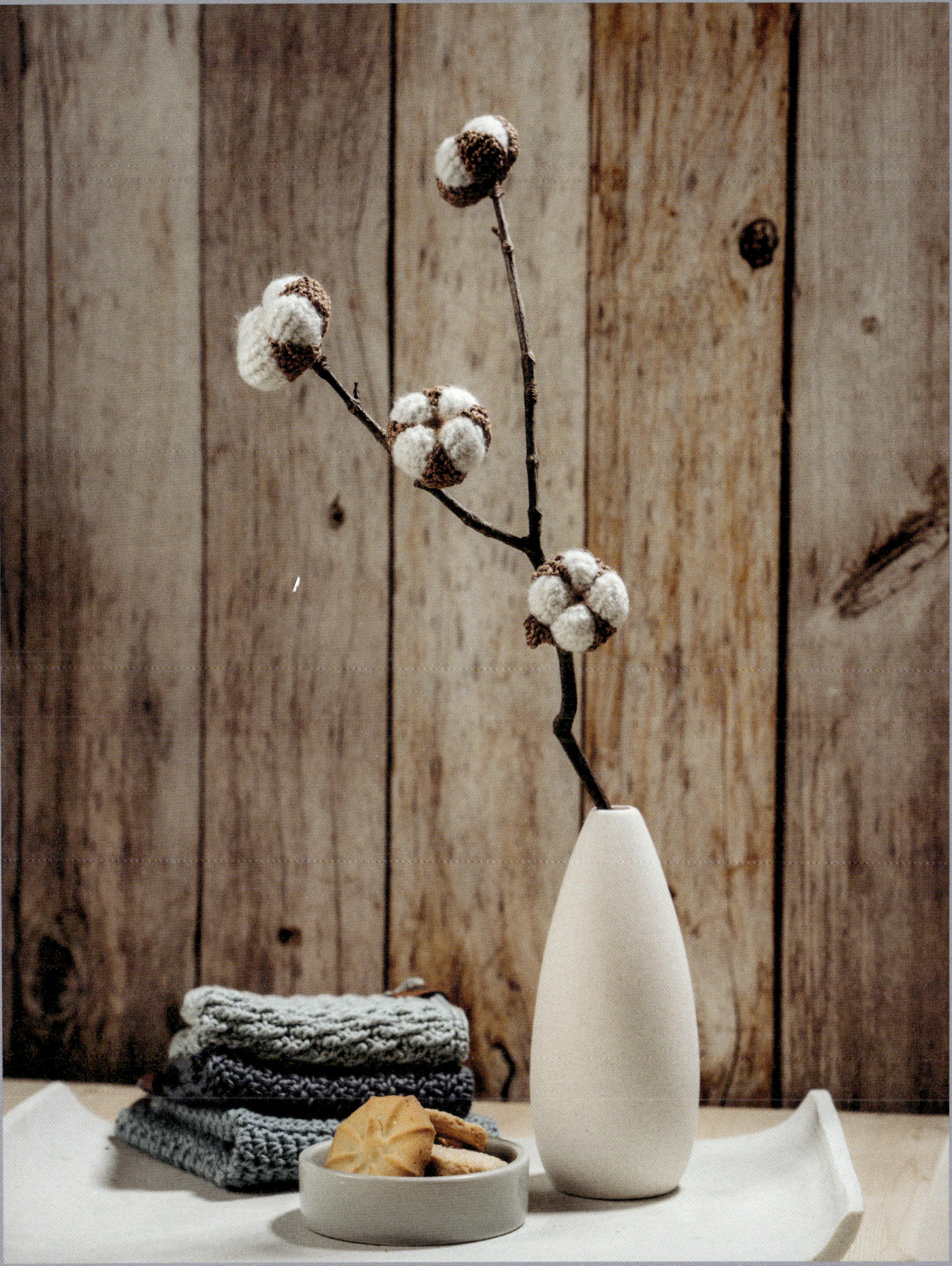

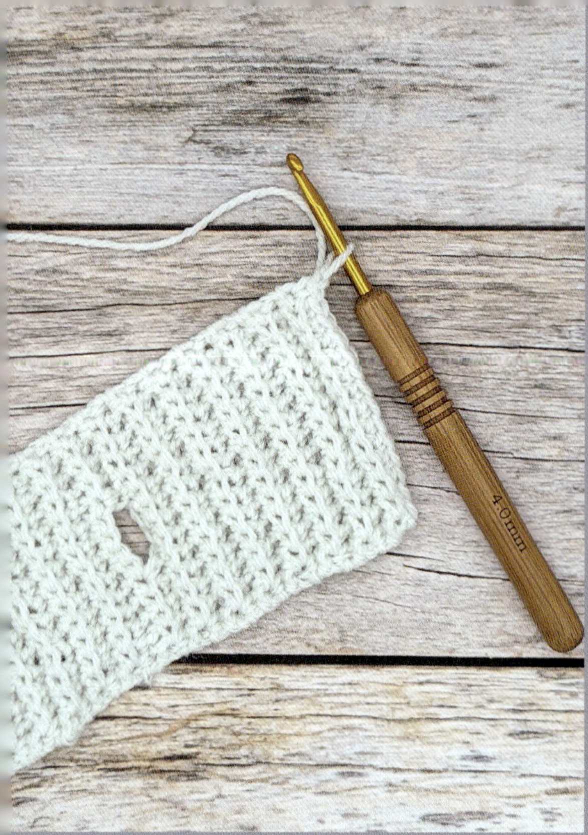
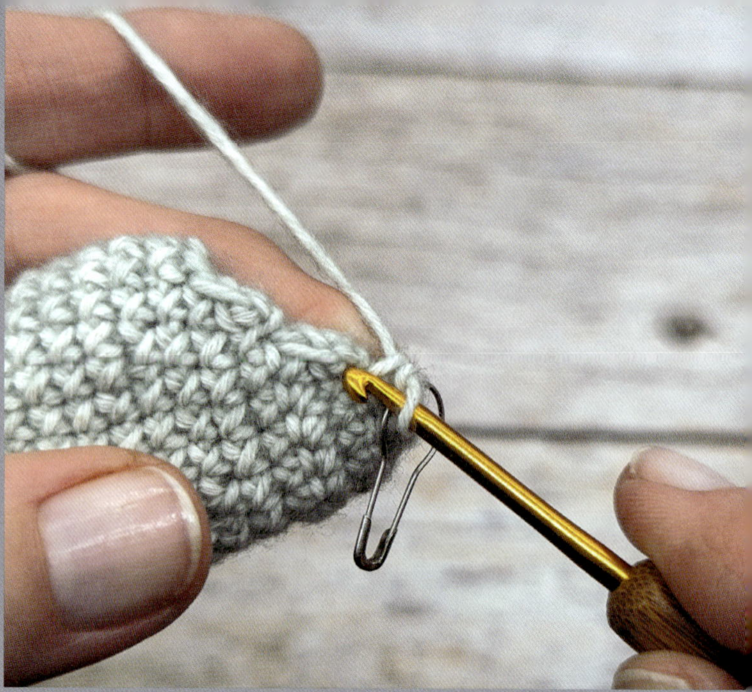
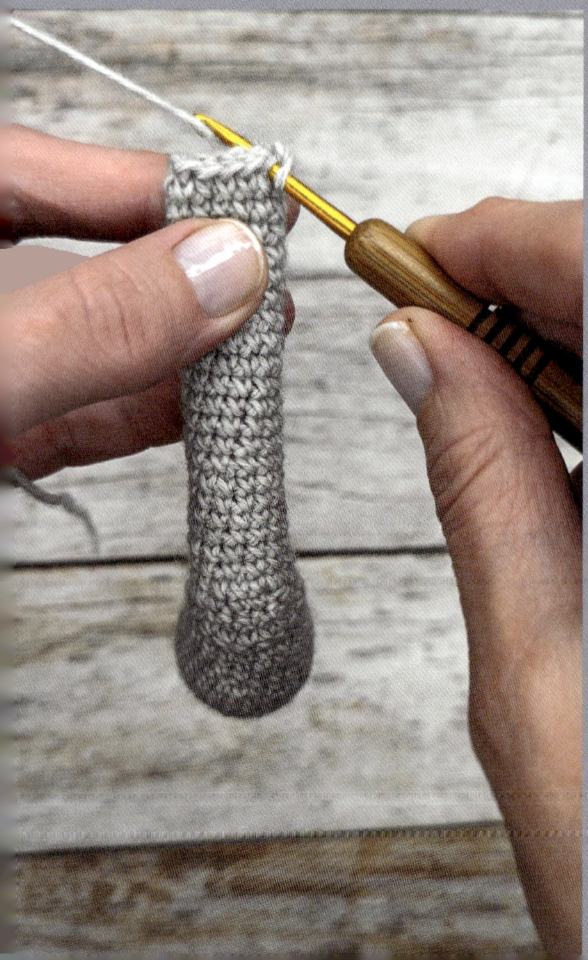
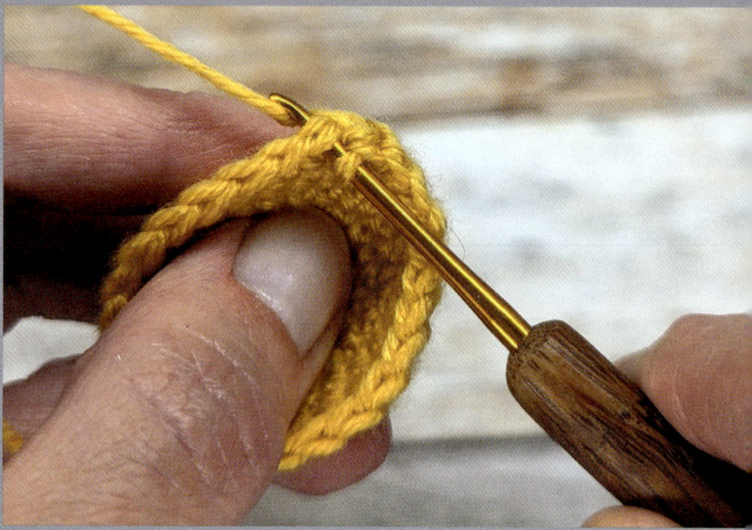
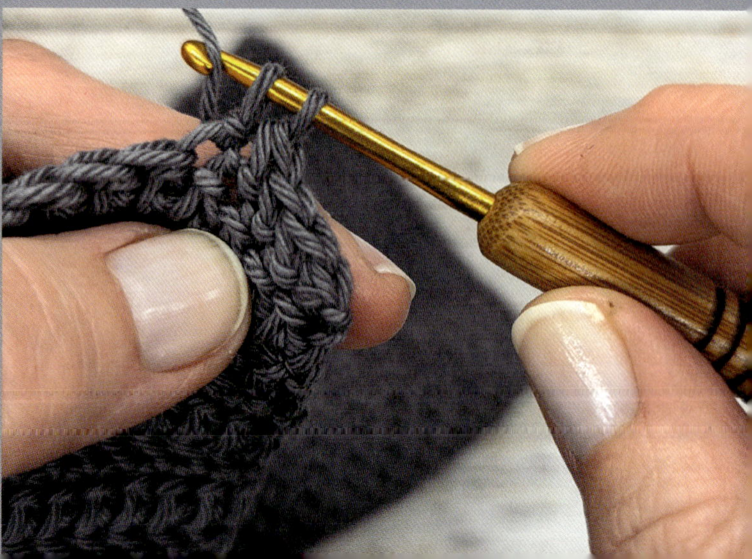

Häkeltechniken

Häkeltechniken

Luftmaschenanschlag

Den Faden zu einer Schlaufe legen. Das Fadenende liegt unterhalb. Mit der Nadel von vorne durch die Schlinge stechen und den Faden durchholen. Am Fadenende ziehen, damit sich die Schlinge um die Nadel festzieht (= Anfangsschlinge). Den Arbeitsfaden durch die Schlinge ziehen, um die erste Luftmasche zu häkeln. So oft wiederholen, bis die gewünschte Anzahl an Luftmaschen erreicht ist.

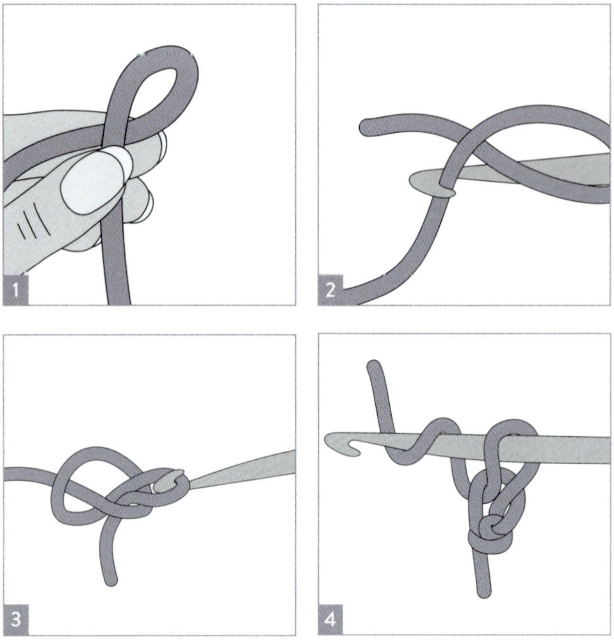

Wendeluftmasche

Am Ende jeder Reihe wird eine Luftmasche gehäkelt und die Arbeit anschließend gewendet.

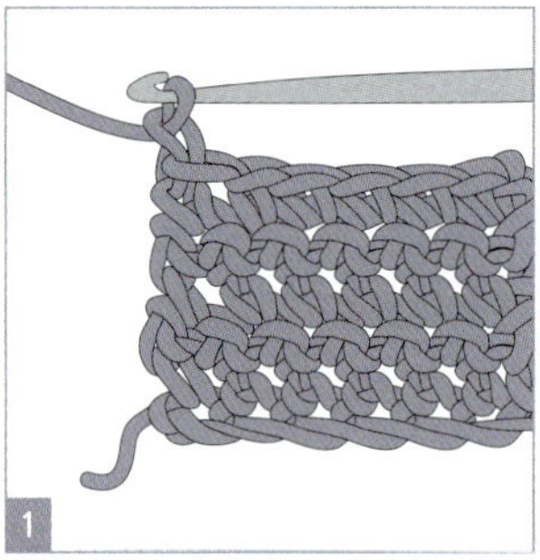

Fadenring

Um einen Fadenring zu bilden, den Faden zu einer Schlaufe legen. Das Fadenende liegt oberhalb und zeigt nach unten. Die Schlaufe mit Daumen und Zeigefinger fixieren und mit der Nadel von vorne hindurchstechen. Den Faden durch die Schlaufe hindurchziehen und mit einer Luftmasche sichern. Erneut durch den Ring stechen und den Faden durchholen. Beide auf der Nadel befindlichen Umschläge zu einer festen Masche abmaschen. Nun so viel feste Maschen häkeln, wie in der Anleitung angegeben sind. Um den Ring zu schließen, vorsichtig am Fadenende ziehen, bis sich die Maschen zusammengezogen haben.

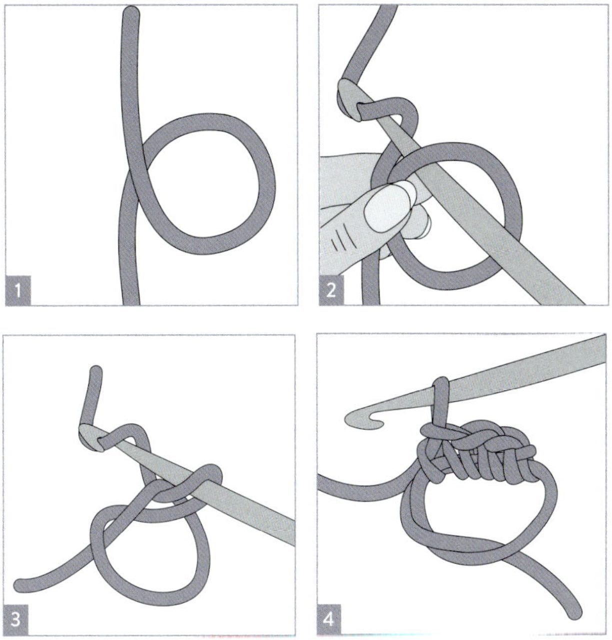

Kettmasche

Kettmaschen werden vielfältig beim Häkeln eingesetzt. Sie dienen als Verzierung, kommen beim Beenden einer Runde und beim Anmaschen neuer Fäden zum Einsatz. Um eine Kettmasche zu häkeln, durch die Masche stechen und den Faden durchholen. Diese Schlinge durch die auf der Nadel liegende Schlinge hindurchziehen.

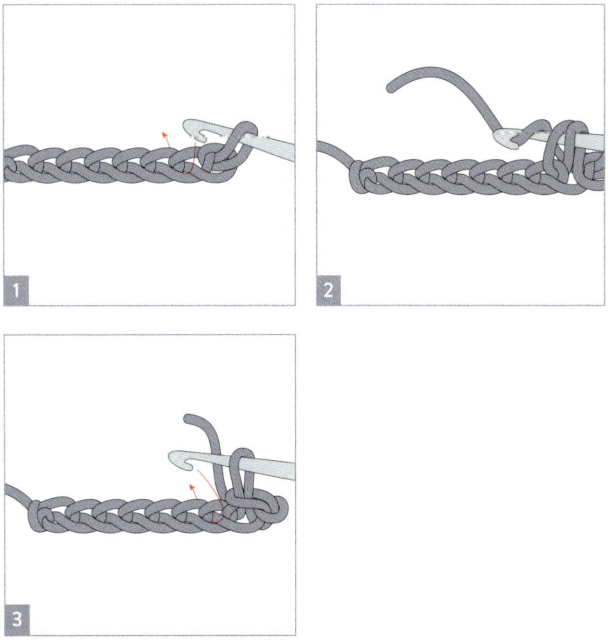

Feste Masche

Mit der Nadel in die folgende Masche stechen und den Faden von oben nach unten um die Nadel legen. Den Faden durchziehen. Auf der Nadel liegen nun zwei Schlingen. Den Arbeitsfaden erneut von oben nach unten um die Nadel legen und dann durch beide Schlingen ziehen (abmaschen).

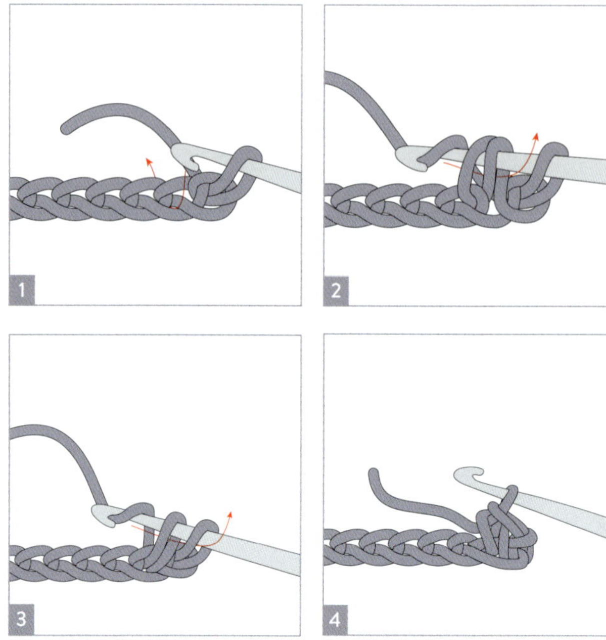

Stehende feste Masche

Eine Anfangsschlinge auf die Nadel legen. Mit der Schlinge auf der Nadel in die gewünschte Masche einstechen. Den Faden durchholen und die Anfangsschlinge und die neue Schlinge zusammen zu einer festen Masche abmaschen. Diese zählt als erste Masche der neuen Runde oder Reihe.

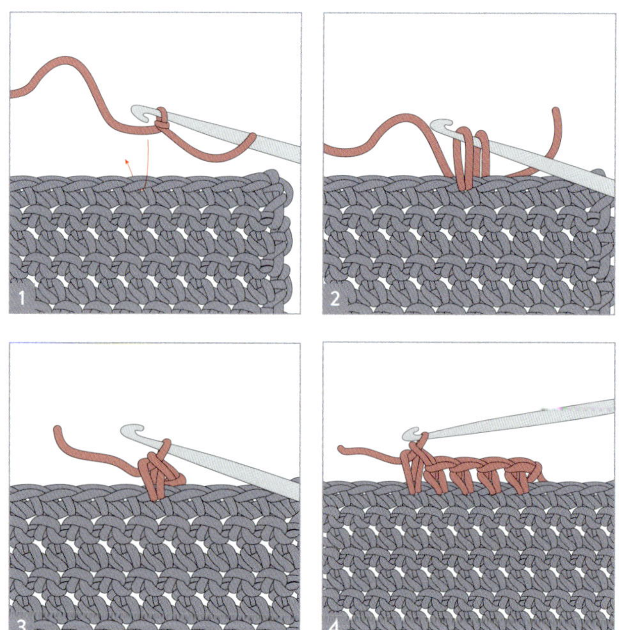

Halbes Stäbchen

Den Faden von hinten nach vorne über die Nadel (Umschlag) legen. In die folgende Masche einstechen und den Faden durchholen. Auf der Nadel liegen nun drei Schlingen. Den Arbeitsfaden durch alle drei Maschen ziehen.

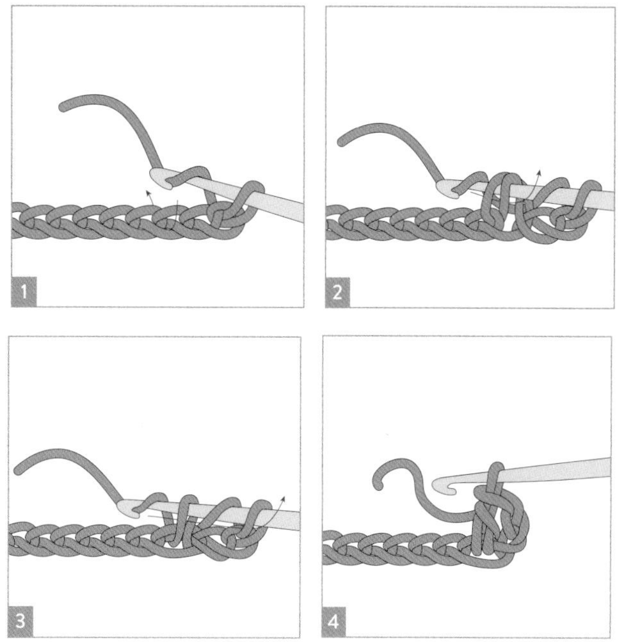

Stäbchen

Den Faden von hinten nach vorne über die Nadel (Umschlag) legen. In die folgende Masche einstechen und den Faden durchholen. Es liegen jetzt drei Schlingen auf der Nadel. Den Faden durch die ersten beiden Schlingen ziehen. Auf der Nadel liegen nun zwei Schlingen. Beide ebenfalls zusammen abmaschen.

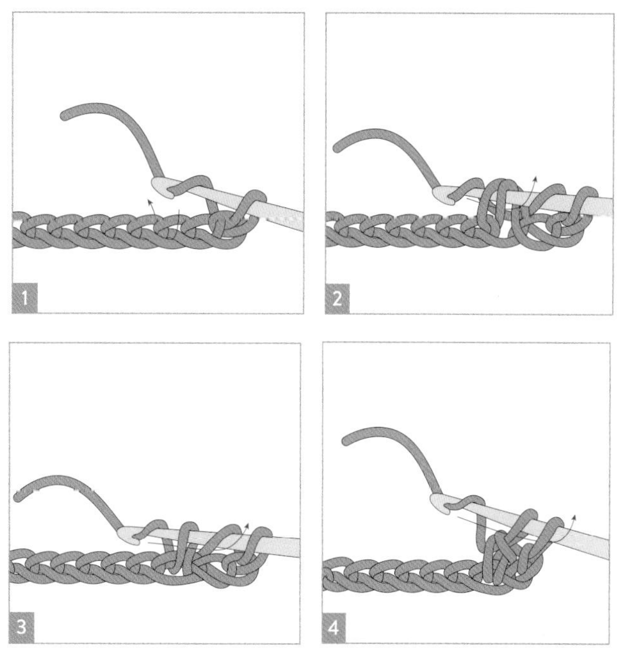

Doppelstäbchen

Den Faden zweimal von hinten nach vorne über die Nadel (Umschlag) legen. In die folgende Masche einstechen und den Faden durchholen. Es liegen jetzt vier Schlingen auf der Nadel. Den Faden nun durch die ersten beiden Schlingen ziehen. Auf der Nadel liegen nun drei Schlingen. Auch hier wieder die ersten beiden Schlingen auf der Nadel abmaschen. Es bleiben zwei Schlingen auf der Nadel. Den Faden erneut durchziehen und so die letzten verbliebenden Schlingen abmaschen.

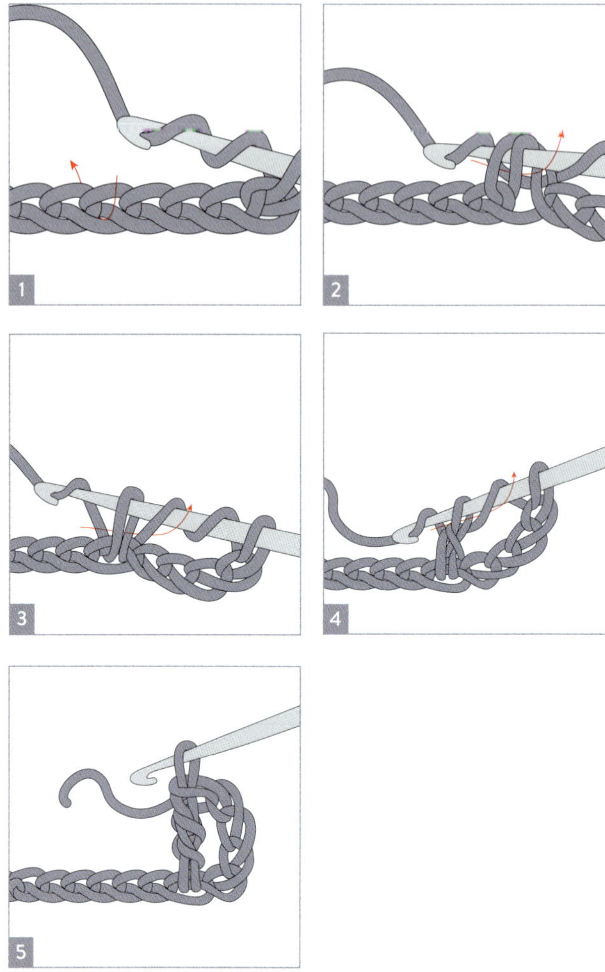

Maschenglieder

Eine Masche besteht aus drei Maschengliedern. Das vordere Maschenglied und hintere Maschenglied bilden dabei die V-förmige Oberseite der Masche. Das rückwärtige Maschenglied liegt auf der Rückseite am Fuß der Masche.

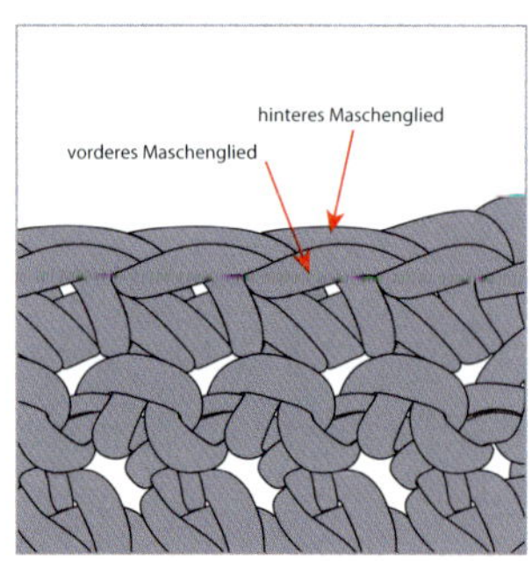

Vorderseite

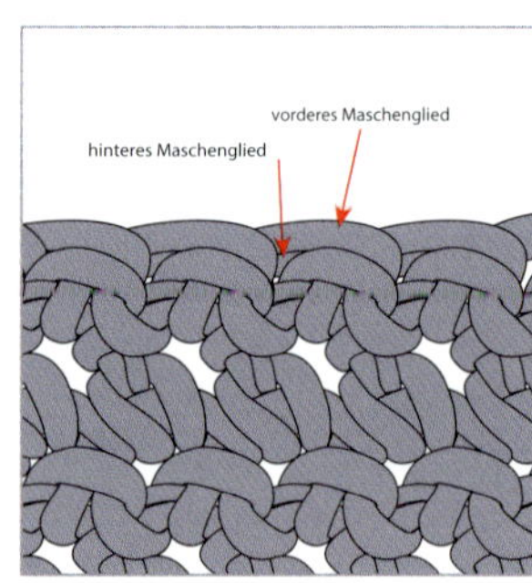

Rückseite

In Reihen häkeln

Alle Reihen beginnen mit einer Luftmaschenkette. Auf diese Luftmaschen werden die Maschen der ersten Reihe gehäkelt. Nach jeder Reihe wird die Arbeit mit Wende-Luftmaschen gewendet, um die entsprechende Höhe der Maschen zu erreichen. Bei festen Maschen wird eine Wendeluftmasche gehäkelt, bei halben Stäbchen zwei Wendeluftmaschen und bei Stäbchen wird mit drei Luftmaschen gewendet.

In Runden häkeln

Beim Häkeln in Runden wird die Arbeit am Ende nicht gewendet, sondern fortlaufend weitergearbeitet. Begonnen wird dabei mit einem Fadenring oder einer Luftmaschenkette. Jede Runde endet mit einer Kettmasche in die erste Masche der Runde. Am Anfang jeder Runde werden Luftmaschen entsprechend der Höhe der verwendeten Maschen gehäkelt (Steigeluftmasche). Bei festen Maschen wird eine Steigeluftmasche gehäkelt, bei halben Stäbchen zwei und bei Stäbchen werden drei Steigeluftmaschen zum Beginn gearbeitet.

In Spiralrunden häkeln

Bei Spiralrunden werden die Maschen ununterbrochen immer weiter aufeinandergehäkelt, ohne sie mit einer Kettmasche abzuschließen. Der Rundenübergang ist unsichtbar. Um den Überblick zu behalten, diesen mit einem Faden oder einem Maschenmarkierer kennzeichnen.

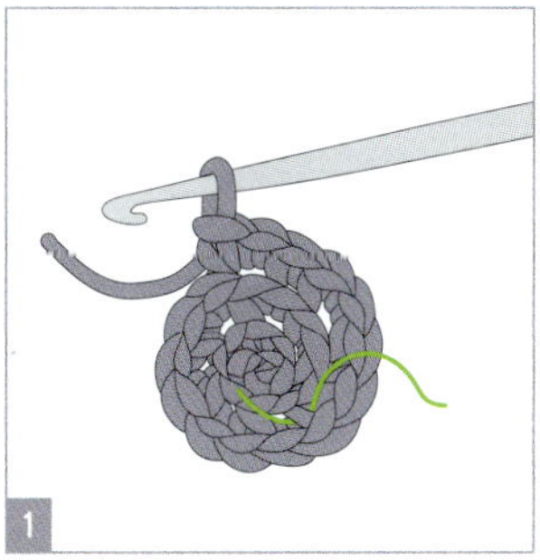

Zunehmen/Verdoppeln

Alle Maschenarten werden auf die gleiche Weise zugenommen: Man häkelt einfach zwei Maschen in eine Einstichstelle. Hierbei spielt es keine Rolle, ob in Reihen oder Runden gehäkelt wird.

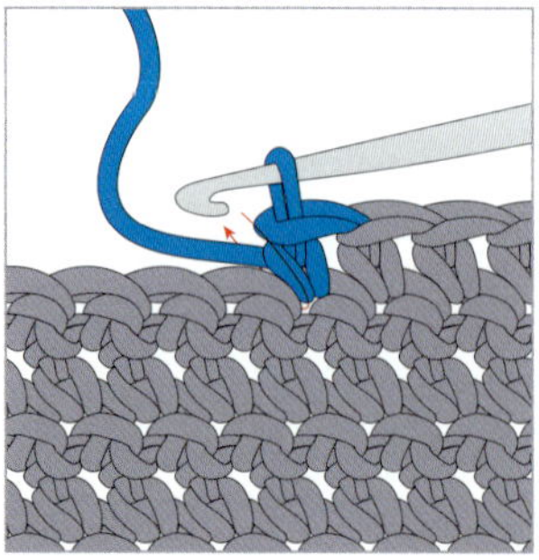

Abnehmen/feste Maschen zusammen abmaschen

Bei der Abnahme von festen Maschen in Runden/Reihen werden zwei feste Maschen zusammen abgemascht, sodass eine neue Masche entsteht. Dazu in die erste abzunehmende Masche einstechen und den Faden durchholen. Es befinden sich nun zwei Schlaufen auf der Nadel. Diese werden aber nicht abgemascht, sondern die Nadel durch die nächste Masche gestochen. Wieder den Faden holen. Es befinden sich nun drei Schlingen auf der Nadel. Den Arbeitsfaden durch alle Schlingen ziehen.

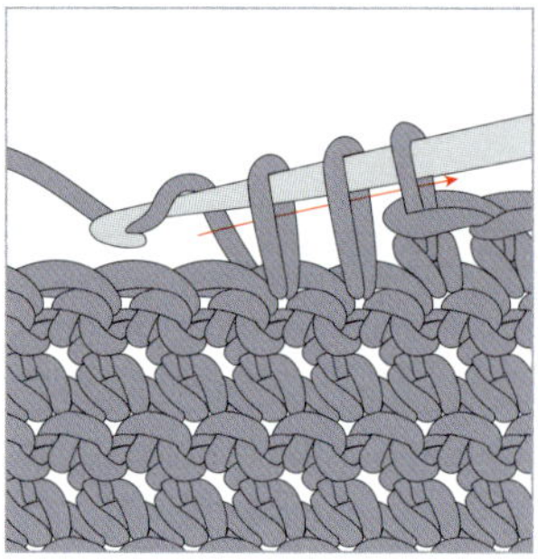

Runde unsichtbar beenden

Die Arbeit mit einem langen Faden abketten. Das Fadenende in eine Vernähnadel fädeln und von oben zwischen die beiden Maschenglieder der zweiten Masche der letzten Runde hindurchstechen. Am Faden ziehen, bis er die gleiche Länge wie die anderen Maschenglieder hat. So wird ein hinteres Maschenglied nachgebildet. Nun mit der Nadel von vorne nach hinten zwischen die Maschenglieder der letzten Masche der Runde stechen. Den Faden erneut durch die Masche ziehen, bis ein vorderes Maschenglied entsteht. Den Faden wie gewohnt vernähen

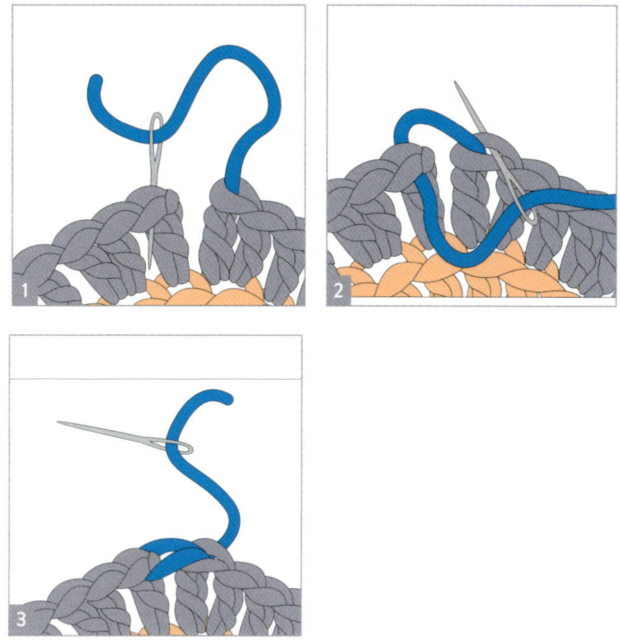

Farbwechsel

Wird einen neue Farbe aufgenommen, in der ersten Farbe bis zur letzten Masche der Runde/Reihe häkeln. Diese nicht abmaschen, sondern beide Schlingen auf der Nadel behalten. Mit der Nadel nun den Faden der neuen Farbe durchholen und damit weiterhäkeln.

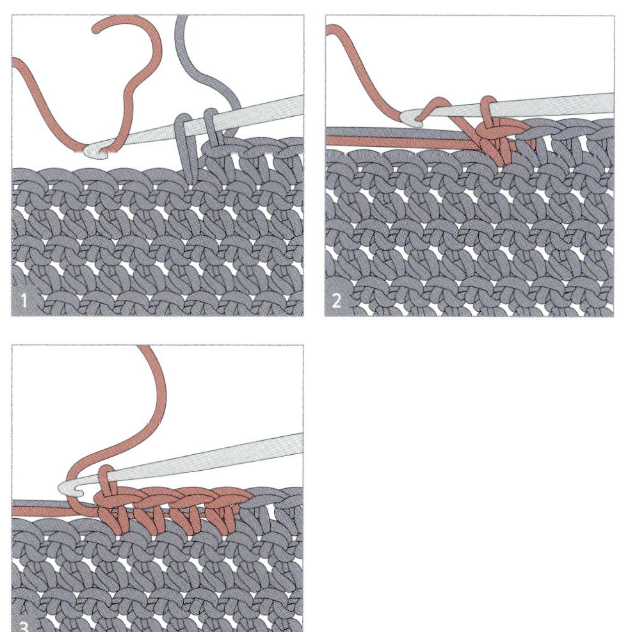

Häkelstück beenden

Um eine Runde/Reihe zu beenden, den Faden fest durch die letzte Masche ziehen und ca. 20 cm lang abschneiden. Das Fadenende mithilfe einer Wollnadel in die Maschen bzw. nach innen vernähen. Wenn der Faden lang abgeschnitten werden soll, mind. 30 cm abschneiden.

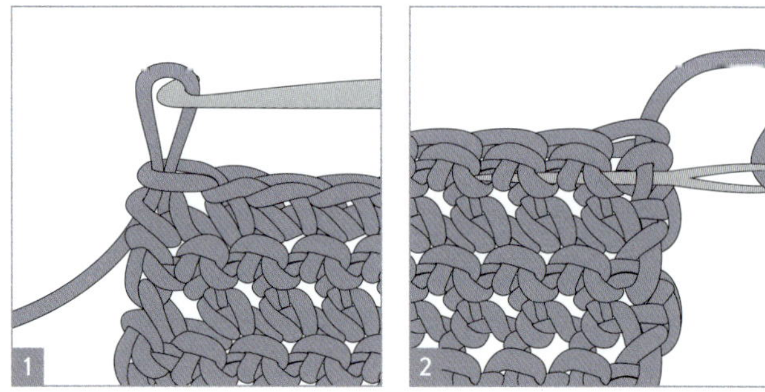

Reliefstäbchen

Mit einem Umschlag auf der Nadel beginnen. Statt mit der Nadel in die Maschen einzustechen, die Nadel von vorne nach hinten um das Stäbchen der Vorrunde/Vorreihe führen. Den Faden durchholen und wie für ein normales Stäbchen alle Schlingen nacheinander abmaschen. Für ein Reliefstäbchen von hinten die Nadel von hinten nach vorne um das Vorrunden-/Vorreihen-Stäbchen führen. Für ein Reliefdoppelstäbchen mit zwei Umschlägen auf der Nadel beginnen.

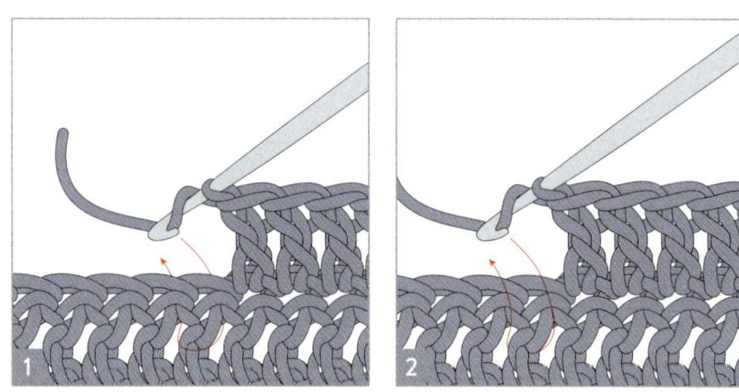

Stickstiche

Knötchenstich

Den Faden ein- oder zweimal über die Nadel schlingen und durchziehen, sodass ein Knoten entsteht. Danach knapp neben der Ausstichstelle einstechen und den Faden durchziehen. Zum Schluss den Faden auf der Rückseite sichern.

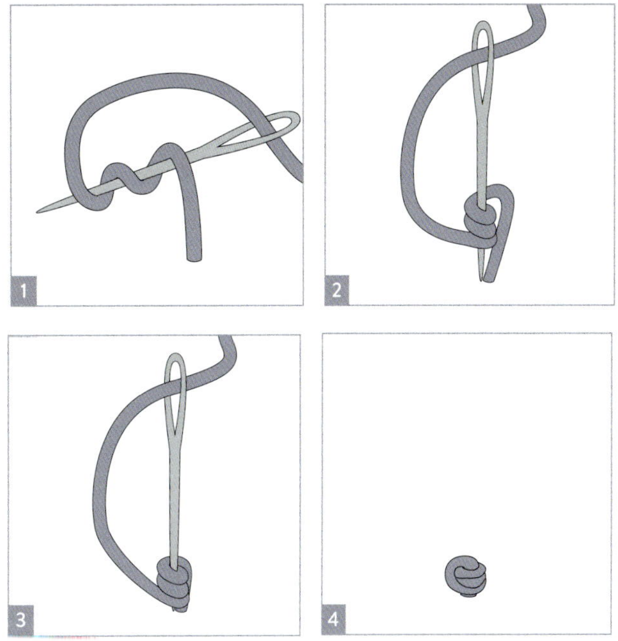

Spannstich

Den Faden von vorne nach hinten durchführen. Dann im gewünschten Abstand einstechen und den Faden durchziehen. Spannstiche können vertikal, horizontal, lang oder kurz sein.

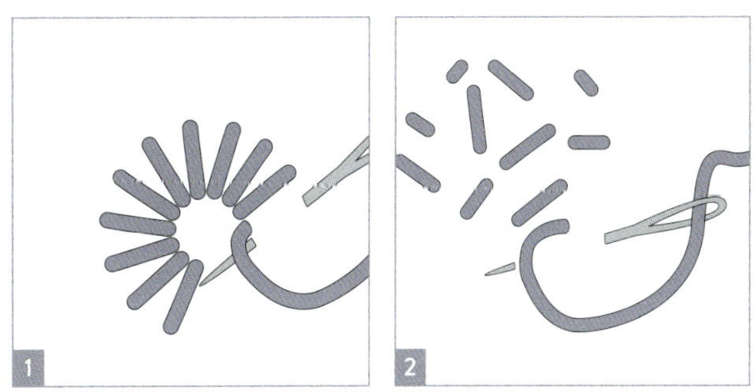

Abkürzungen

abn	abnehmen
anschl	anschlagen
DStb	Doppelstäbchen
Fb	Farbe
fM	feste Masche
hStb	halbes Stäbchen
ihM	ins hintere Maschenglied
ivM	ins vordere Maschenglied
Km	Kettmasche
LL	Lauflänge
Lm	Luftmasche
M	Masche
N	Noppe
Nd	Nadel
R	Reihe
Rd	Runde
RStbv	Reliefstäbchen von vorne
RStbh	Reliefstäbchen von hinten
RDStbh	Reliefdoppelstächen von hinten
RDStbv	Reliefdoppelstächen von vorne
Stb	Stäbchen
TgfM	tiefer gestochene feste Masche
wdh	wiederholen
zun	zunehmen/Zunahme
zus	zusammen

Schwierigkeitsgrade

= einfach

= mittel

= schwer

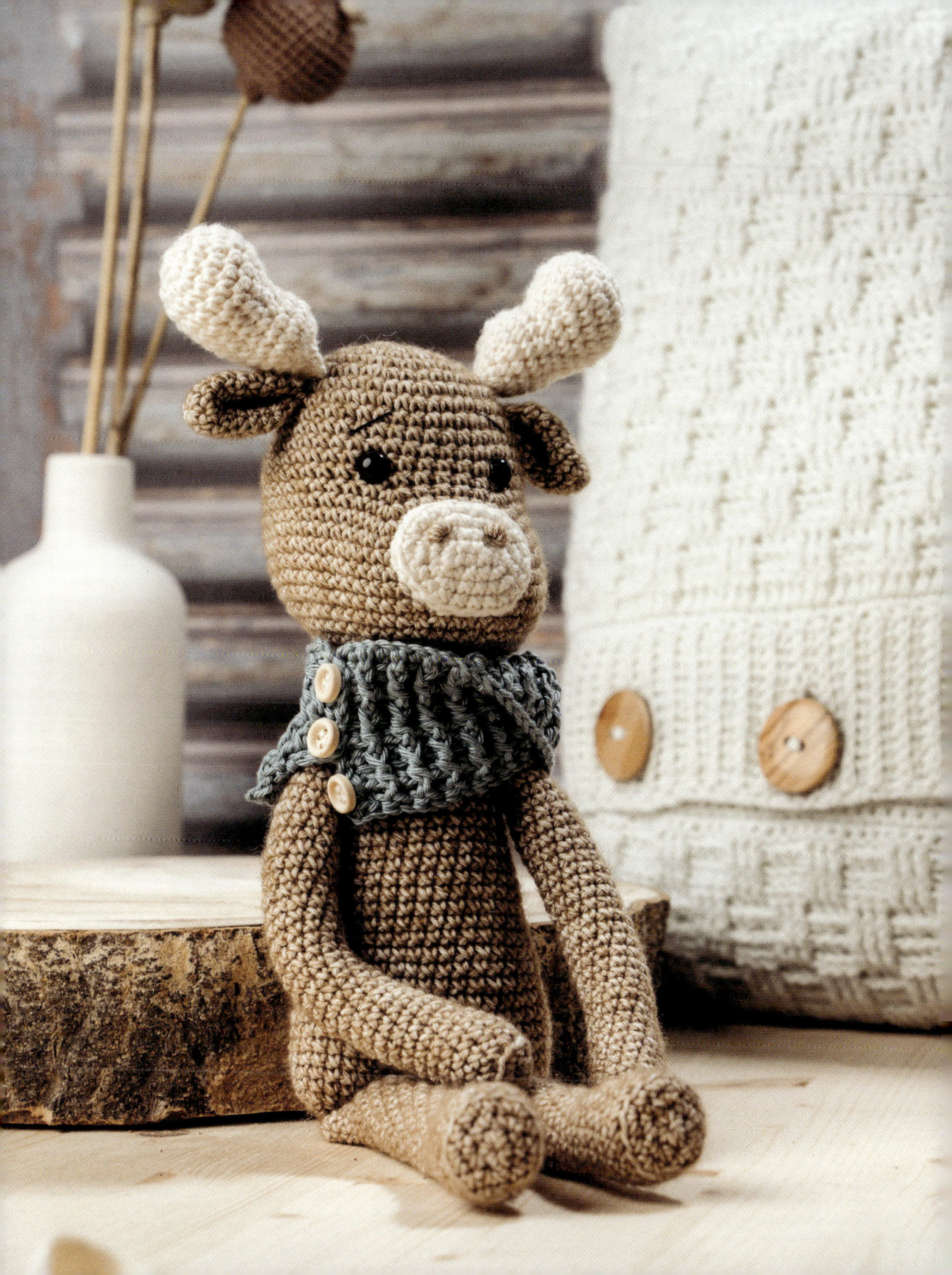

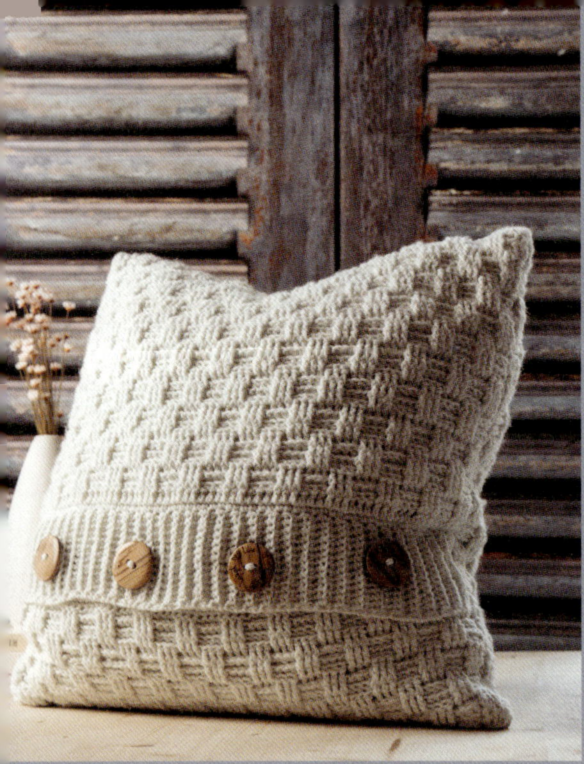
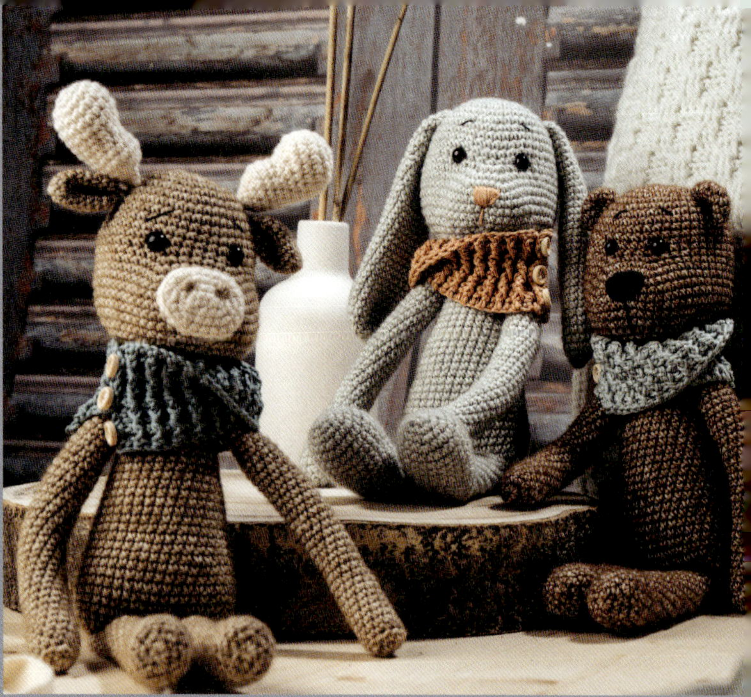
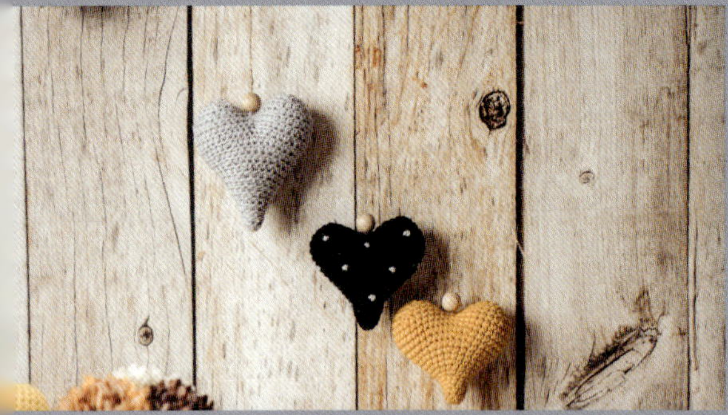
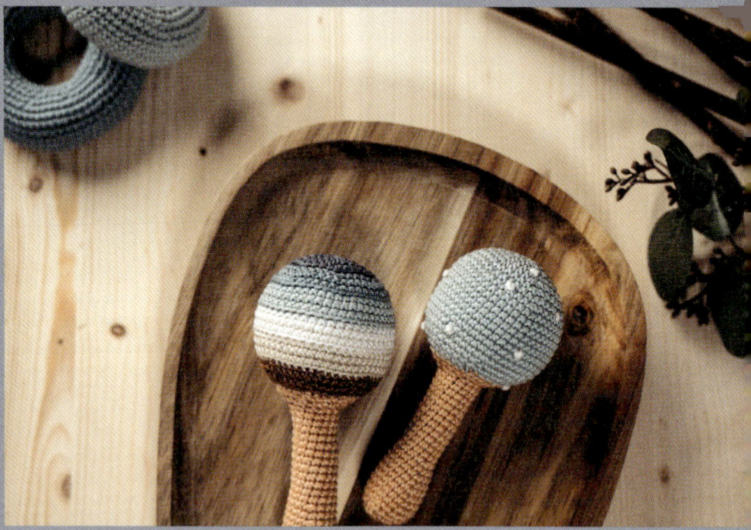
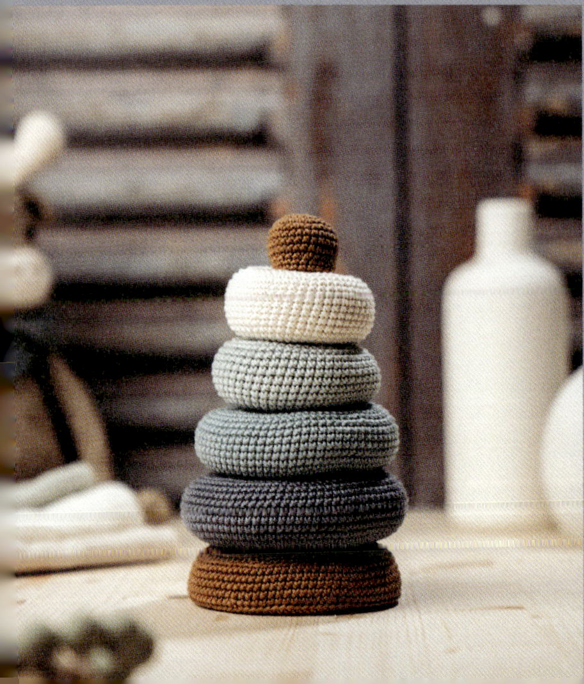
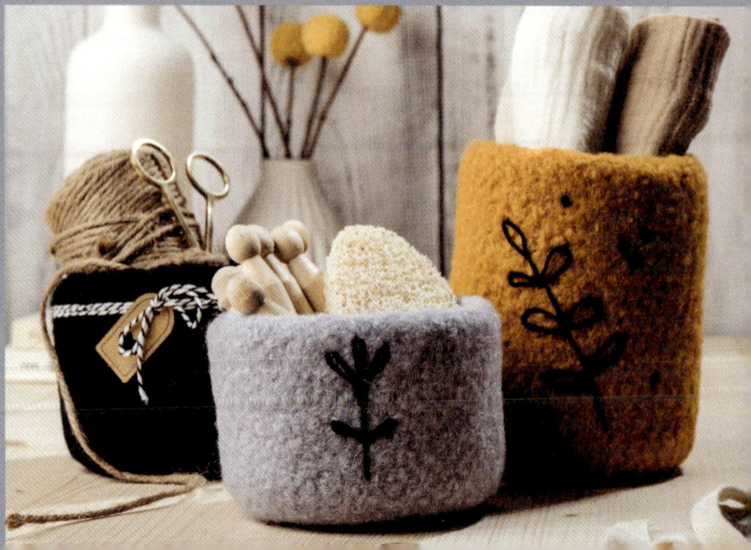

Projekte

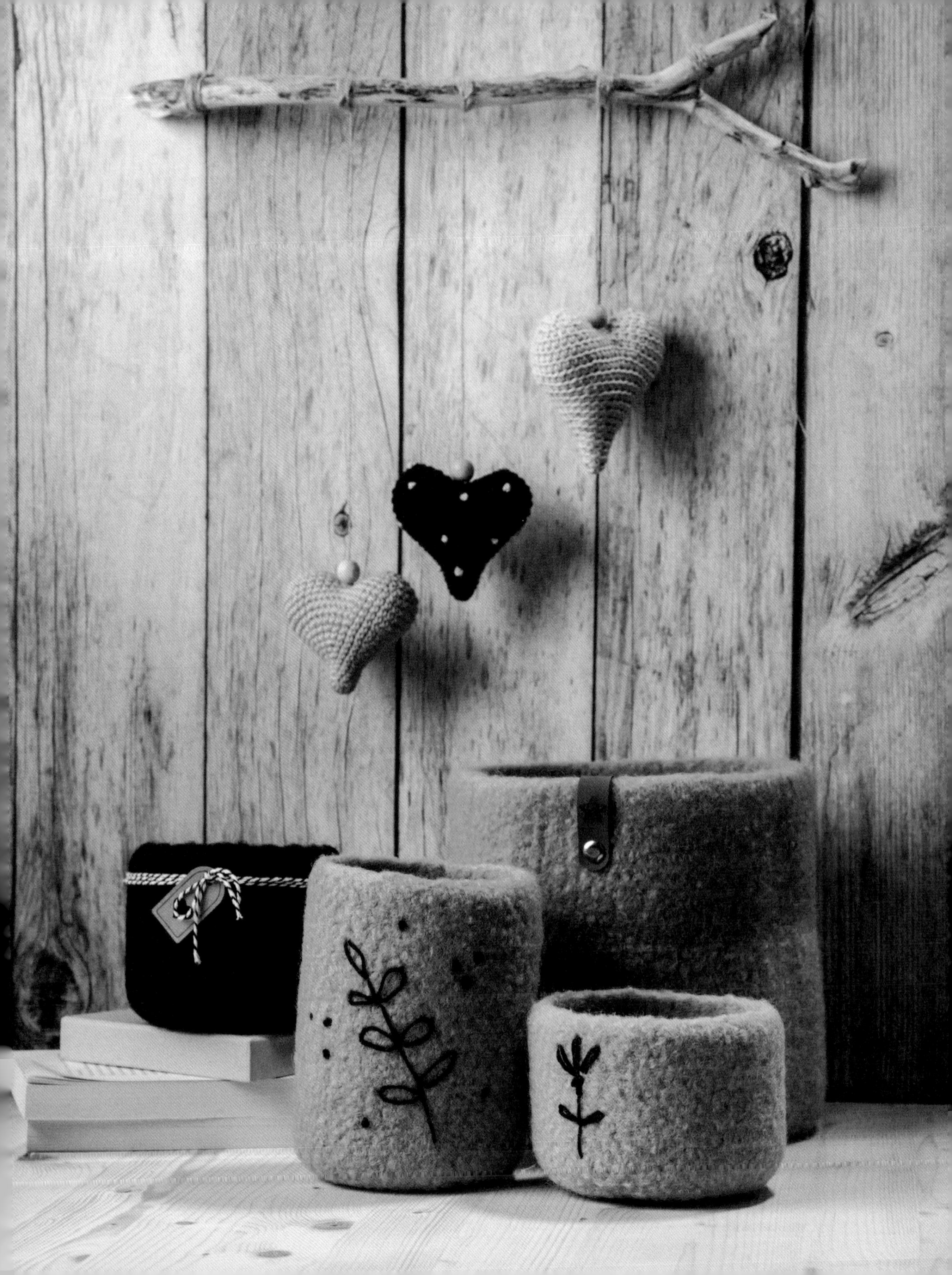

Skandinavisch Wohnen und Dekorieren

Gemütliches Kissen mit Zopfmuster

Größe: 50 x 50 cm

Material

- Gründl Happy uni [100 % Polyacryl LL 250 m/100 g] in:
  - Kieselgrau (Fb 30) ca. 450 g
- 1 Reißverschluss 40 cm, in Grau
- 1 Kisseninlay 50 x 50 cm
- Häkelnadel 4,0 mm
- Stecknadeln zum Fixieren
- Stopfnadel zum Vernähen

SO GEHT`S

Die Kissenhülle besteht aus zwei Teilen. Die Vorderseite wird mit einem Zopfmuster gehäkelt, die Rückseite im Muster »Dezente Streifen«.

Das Muster der Rückseite wird ausführlich in der Anleitung Küchentücher mit dezentem Streifen erklärt (siehe Seite 38). Das Muster der Vorderseite ist sehr dehnbar. Daher ist das Häkelstück in der Breite etwas kleiner (ca. 5 cm) als das Kisseninlay.

Die beiden Teile werden am Ende zusammengenäht. Unten wird ein Reißverschluss zum Schließen der Kissenhülle eingenäht.

KISSENHÜLLE RÜCKSEITE

Es wird in R gehäkelt. Es werden keine Wende-Lm gehäkelt.

93 Lm anschl, in die 2. Lm von der Nd aus einstechen und wie folgt häkeln:

1.–2. R: 92 fM.

3. R: *1 fM, 1 TgfM*, von * bis * noch 45 x wdh. [92]

Die 3. R so oft wdh, bis das Teil eine Höhe von ca. 50 cm hat. Arbeit beenden.

KISSENHÜLLE VORDERSEITE

Es wird in R gehäkelt. Jede R endet mit 2 Wende-Lm.

95 Lm anschl, in die 4. Lm von der Nd aus einstechen und wie folgt häkeln:

1. R: 92 Stb.

Ab hier beginnt das Muster.

2. R: 1 hStb, 25 RStbv, *1 RStbh, 6 RStbv, 1 RStbh, 8 RStbv*, von * bis * noch 1 x wdh, 1 RStbh, 6 RStbv, 1 RStbh, 25 RStbv, 1 hStb. [92]

3. R: 1 hStb, 25 RStbh, *1 RStbv, 6 RStbh, 1 RStbv, 8 RStbh*, von * bis * noch 1 x wdh, 1 RStbv, 6 RStbh, 1 RStbv, 25 RStbh, 1 hStb. [92]

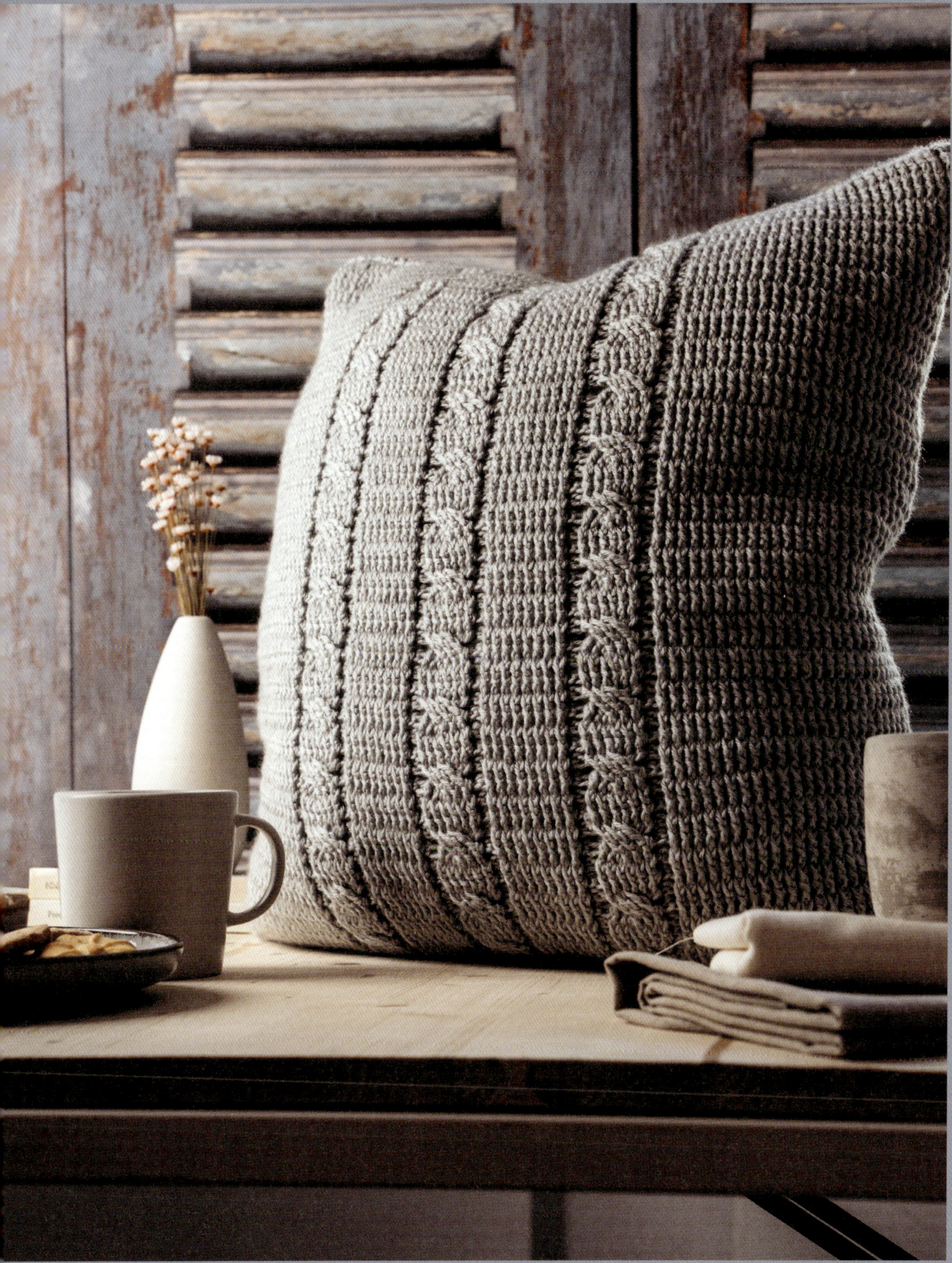

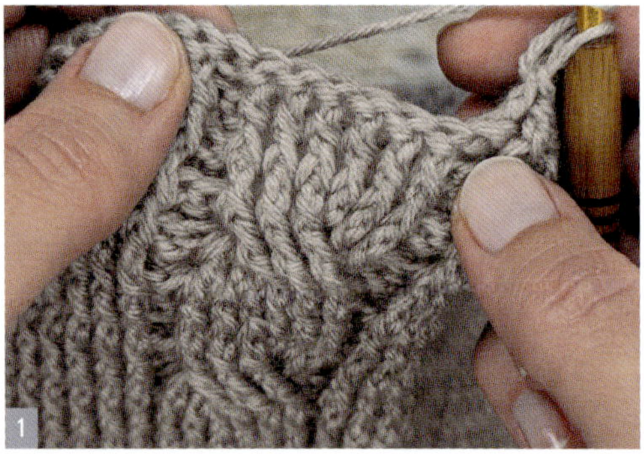
1

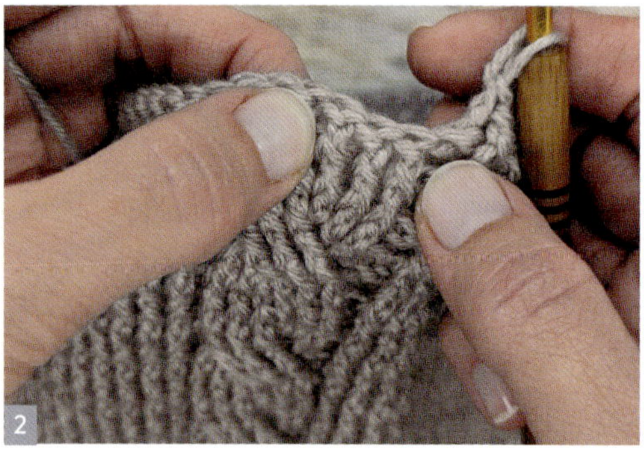
2

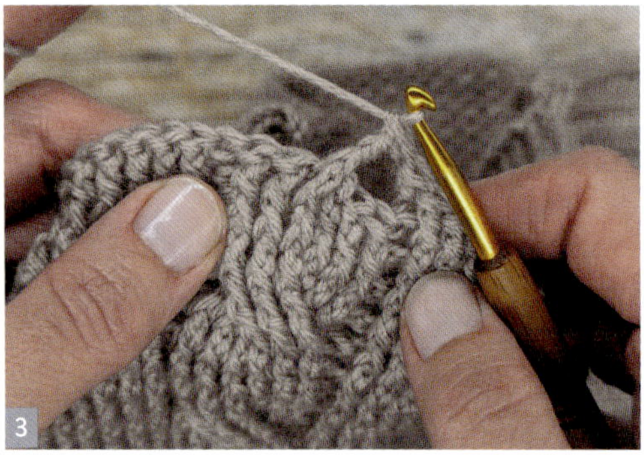
3

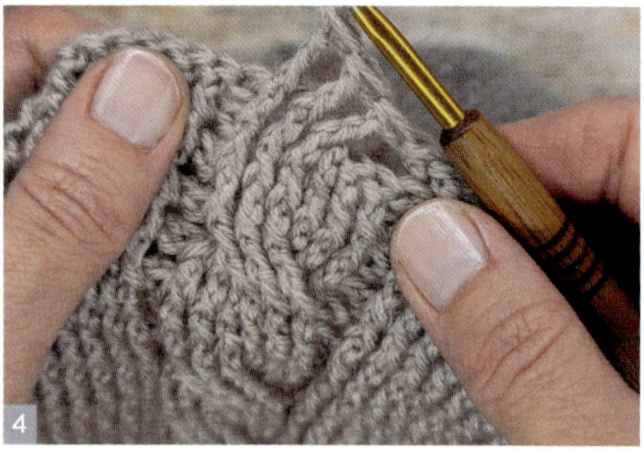
4

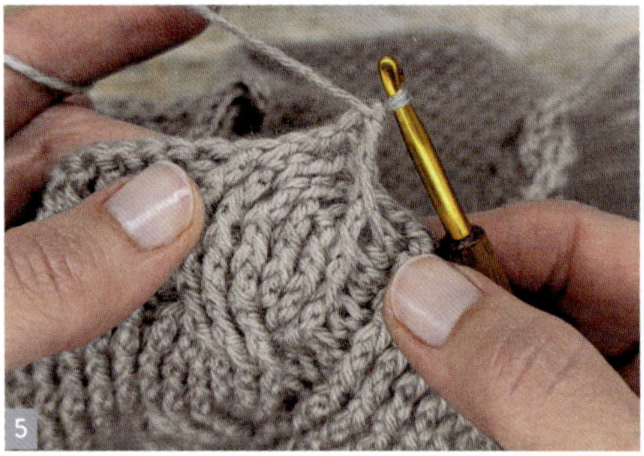
5

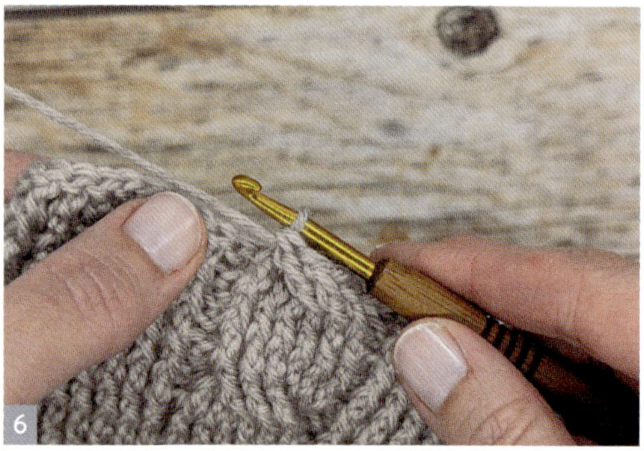
6

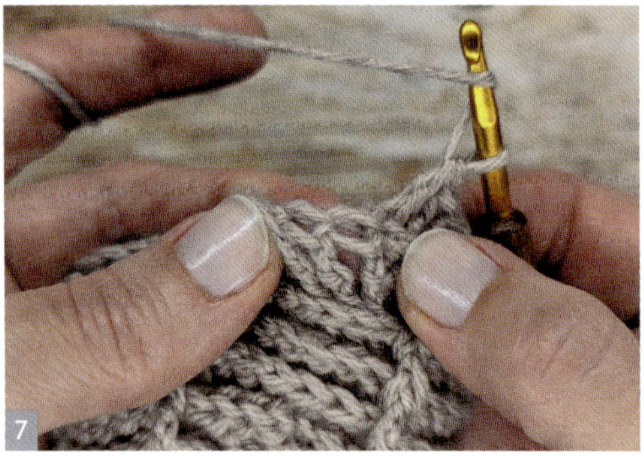
7

In der nächsten R werden die Blöcke mit den 6 RStb durch 6 RDStbv verzopft. Dafür zunächst die ersten 3 RStb überspringen und um das 4. RStb der Vor-R ein RDStbv häkeln, dann um das 5. und 6. Im Anschluss ein RDStbv um das 1., 2. und 3. RStb der Vor-R. (→ Bild 1-6)

4. R: 1 hStb, 25 RStbv, *1 RStbh, die 6 RStb mit 6 RDStbv verzopfen, 1 RStbh, 8 RStbv*, von * bis * noch 1 x wdh, 1 RStbh, 6 RStb mit 6 RDStbv verzopfen, 1 RStbh, 25 RStbv, 1 hStb. [92]

In der nächsten R die Maschen des Zopfes etwas mit dem Finger nach vorne drücken (→ Bild 7), dann fällt das Umhäkeln leichter.

5. R: Wie 3. R häkeln.

6. R: Wie 2. R häkeln.

7. R: Wie 3. R häkeln.

In der nächsten R wird wieder gezopft (s.o.)

8. R: Wie 4. R häkeln.

Ab jetzt 5.–8. R wdh, bis ca. 48 cm erreicht sind. Ende mit einer R, die nicht verzopft ist. Im Anschluss noch 4 R fM häkeln. So entsteht ein fester Rand, auf dem der Reißverschluss gut angenäht werden kann.

FERTIGSTELLEN

Vorder- und Rückseite rechts auf rechts aufeinanderlegen. Vor dem Zusammennähen darauf achten, dass die Seite mit den fM als Abschluss die untere Kante des Kissens ist. Alles mit Stecknadeln fixieren. Jetzt die beiden Seiten und die Oberkante zusammennähen.

Danach in die untere Kante den Reißverschluss einnähen. Alle Fäden vernähen. Kisseninlay in die Hülle schieben und den Reißverschluss schließen.

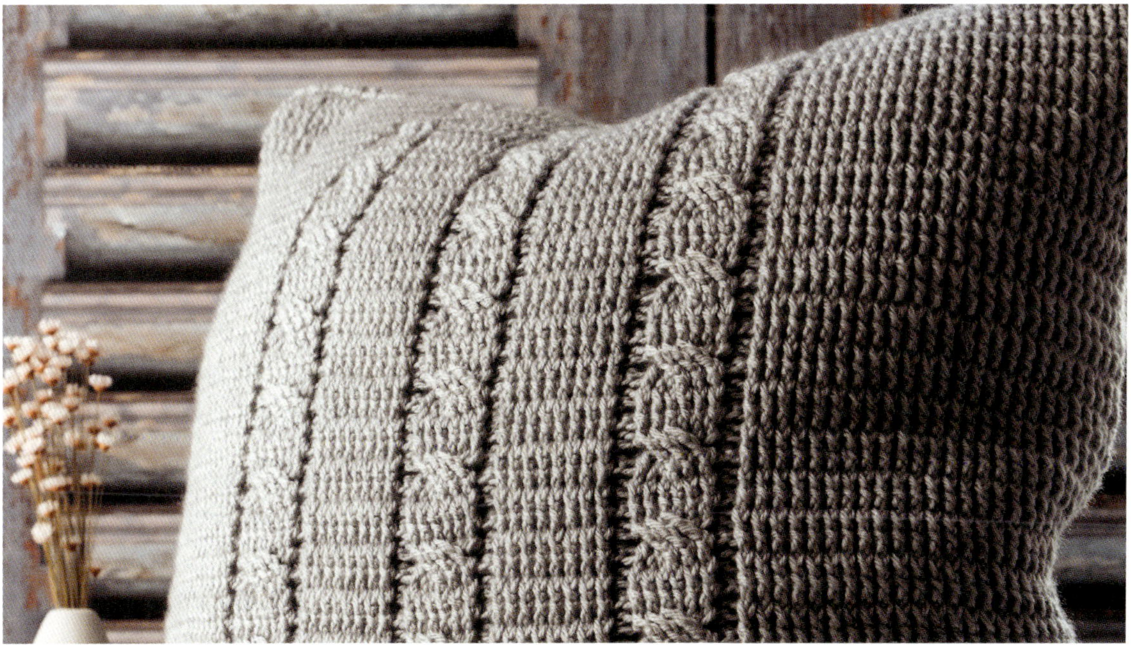

Mini-Filzkörbe mit Stickereimuster

Größe

Gelber Korb: Höhe ca. 13 cm, Ø ca. 10 cm

Grauer und schwarzer Korb: Höhe ca. 7,5 cm, Ø ca. 10 cm

Material

- Gründl Filzwolle uni [100 % Schurwolle LL 50 m/50 g] in:
  - Silbergrau (Fb 50), ca. 50 g
  - Curry (Fb 55), ca. 80 g
  - Schwarz (Fb 03), ca. 50 g
- Häkelnadel 7,0 mm
- Stopfnadel zum Vernähen

MINI-FILZKORB (IN SILBERGRAU, SCHWARZ ODER CURRY)

In Spiral-Rd häkeln.

1. Rd: 6 fM in einen Fadenring.

2. Rd: 6 x 1 fM zun. [12]

3. Rd: *1 fM, 1 fM zun*, von * bis * noch 5 x wdh. [18]

4. Rd: *1 fM, 1 fM zun*, 1 fM*, von * bis * noch 5 x wdh. [24]

5. Rd: *3 fM, 1 fM zun*, von * bis* noch 5 x wdh. [30]

6. Rd: *2 fM, 1 fM zun, 2 fM*, von * bis * noch 5 x wdh. [36]

7. Rd: *5 fM, 1 fM zun*, von * bis * noch 5 x wdh. [42]

8. Rd: 42 fM ihM.

9. Rd: 42 fM.

9. Rd so oft wdh, bis das Knäuel Filzwolle verbraucht ist (bei Grau und Schwarz) oder bis die gewünschte Höhe erreicht ist (bei Curry die 9. Rd 16 x wdh).

Faden lang abschneiden, abketten und Rd unsichtbar beenden. Alle Fäden vernähen.

FERTIGSTELLEN

Alles Wichtige zum Filzen steht auf Seite 50 & 52. Nach dem Trocknen können die Körbe bestickt oder ein entsprechend großes Windlicht reingestellt werden.

▶ Hinweis: Aus einem ca. 2 m langen Restfaden kannst du kleine Filzkugeln herstellen. Dazu musst du den Faden mit einer Tierhaarbürste ausbürsten, damit die leichte Verzwirnung gelöst wird. Anschließend kannst du daraus im Nassfilzverfahren kleine Kugeln herstellen. Aus größeren Resten Filzwolle kannst du ein Rechteck oder Quadrat häkeln, aus welchem du nach dem Filzen eine Form ausschneiden kannst. Nutze diese als kleine Anhänger o. Ä.

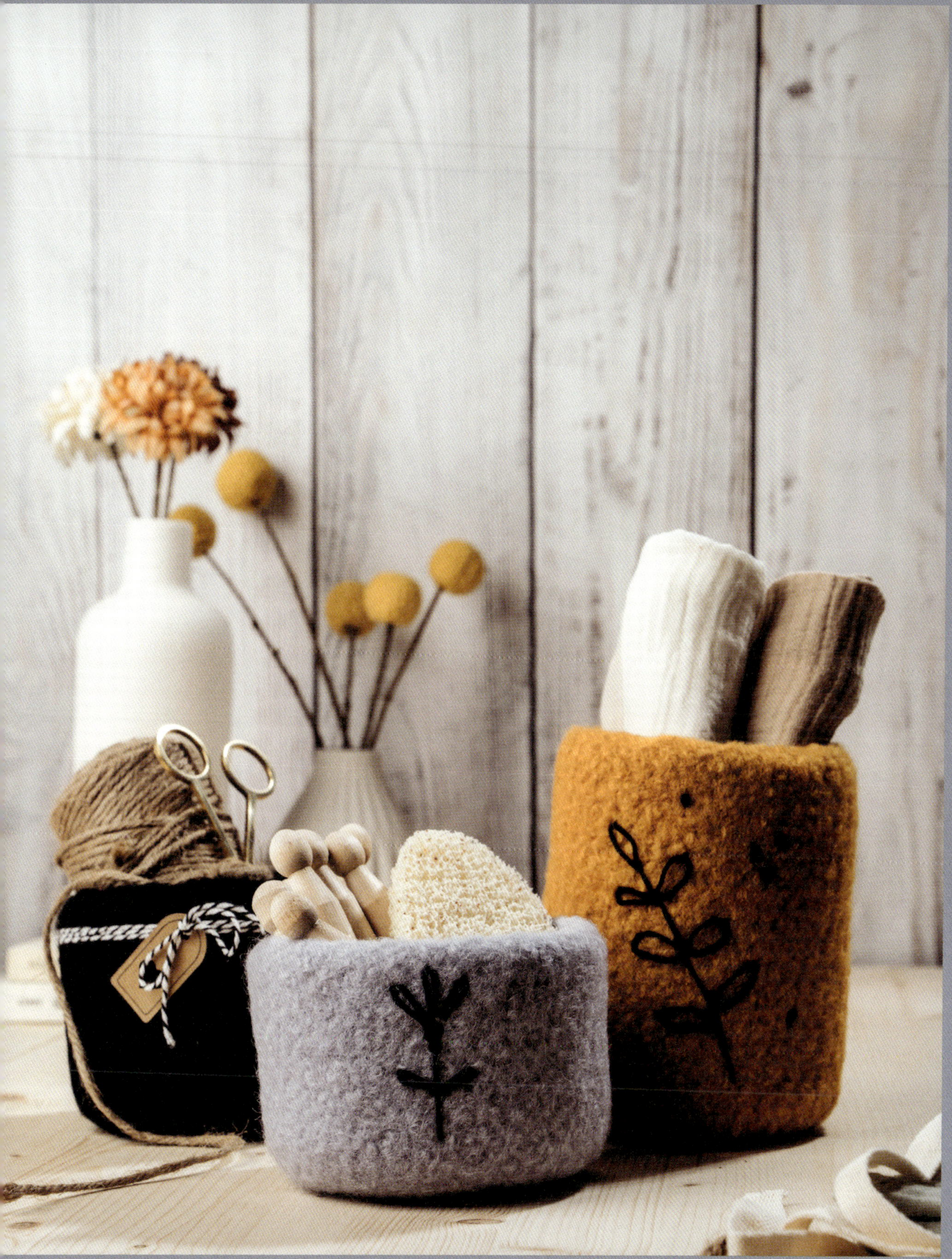

Fröhliches Herz-Trio

Größe
ca. 7 x 7 cm/ca. 7 x 8 cm

Material

- Gründl Cotton Quick uni [100% Baumwolle LL 125 m/50 g] in:
  - Senf (Fb 124), ca. 15 g
  - Schwarz (Fb 11), ca. 15 g
  - Hellgrau (Fb 129), ca. 15 g
- Häkelnadel 2,5 mm
- Füllwatte
- Stecknadeln zum Fixieren
- Stopfnadel zum Vernähen

HERZ (IN SENF UND SCHWARZ)

In Spiral-Rd häkeln. Fortlaufend mit Füllwatte ausstopfen.

1. Rd: 6 fM in einen Fadenring.
2. Rd: *1 fM, 1 fM zun*, von * bis * noch 2 x wdh. [9]
3. Rd: 9 fM.
4. Rd: *1 fM, 1 fM zun, 1 fM*, von * bis * noch 2 x wdh. [12]
5. Rd: 12 fM.
6. Rd: *3 fM, 1 fM zun*, von * bis * noch 2 x wdh. [15]
7. Rd: *2 fM, 1 fM zun, 2 fM*, von * bis * noch 2 x wdh. [18]
8. Rd: *5 fM, 1 fM zun*, von * bis * noch 2 x wdh. [21]
9. Rd: *3 fM, 1 fM zun, 3 fM*, von * bis * noch 2 x wdh. [24]
10. Rd: *7 fM, 1 fM zun*, von * bis * noch 2 x wdh. [27]
11. Rd: *4 fM, 1 fM zun, 4 fM*, von * bis * noch 2 x wdh. [30]
12. Rd: *2 fM, 1 fM zun, 2 fM*, von * bis * noch 5 x wdh. [36]
13. Rd: *5 fM, 1 fM zun*, von * bis * noch 5 x wdh. [42]
14. Rd: *3 fM, 1 fM zun, 3 fM*, von * bis * noch 5 x wdh. [48]

15.–17. Rd: 48 fM.

Jetzt wird das Herz in zwei gleich große Teile unterteilt. Dazu die nächste M mit einem MM kennzeichnen. Rückwärts 23 M abzählen und in die 24. M den MM einhängen. (→ Bild 1)

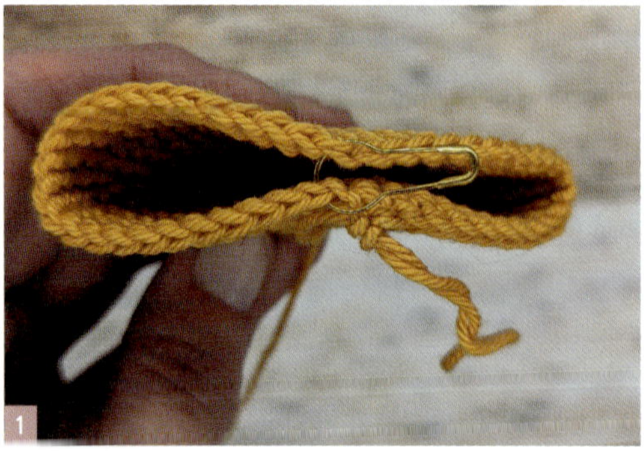

1

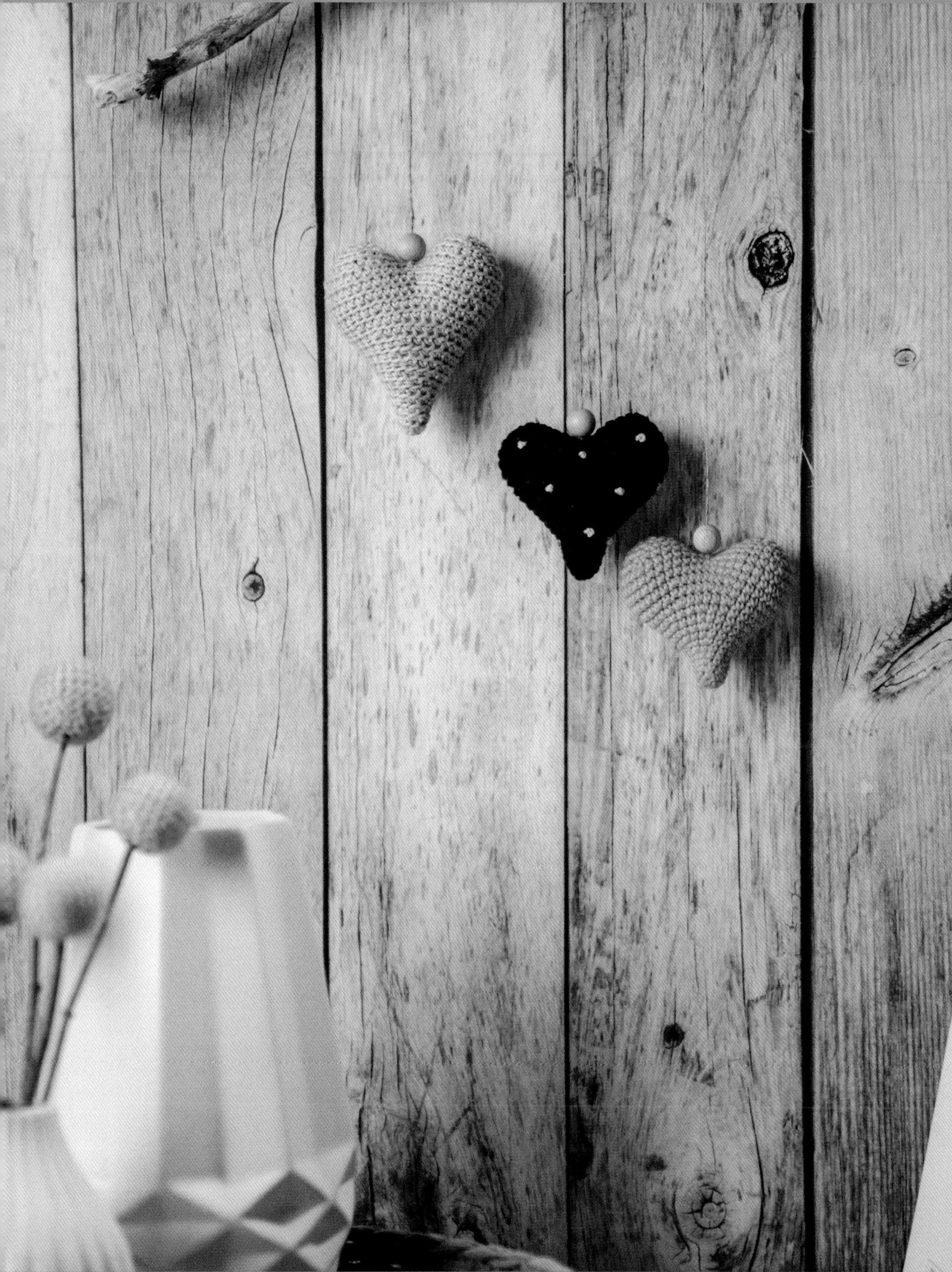

Nun hast du auf beiden Herzhälften 23 M. Die beiden M im MM bleiben frei. Das entstehende Loch wird im Anschluss zugenäht. Du überspringst jetzt alle M, die links vom MM sind. Die erste M der folgenden Rd ist die auf der gegenüberliegenden Seite, neben dem MM. (→ Bild 2)

18. Rd: *6 fM, 1 fM abn*, von * bis * noch 1 x wdh, 5 fM, 1 fM abn. [20]

19. Rd: *8 fM, 1 fM abn*, von * bis * noch 1 x wdh. [18]

20. Rd: *1 fM, 1 fM abn*, von * bis * noch 5 x wdh. [12]

21. Rd: 6 x 1 fM abn. [6]

Faden abschneiden, durch alle vorderen M-Glieder fädeln, fest zuziehen und vernähen.

Um die zweite Seite des Herzens zu schließen, den Faden mit einer stehenden fM (zählt als 1. fM) neben dem MM neu anketten und die 18.–21. Rd wdh.

Fertigstellen

Die mittlere Öffnung des Herzens zusammennähen und einen langen Faden zum Aufhängen in der Mitte stehen lassen.

Das schwarze Herz mit Knötchenstichen in Hellgrau verzieren. Am besten legst du die Positionen vorher mit Stecknadeln fest. (→ Bild 3)

HERZ (IN HELLGRAU)

Das hellgraue Herz wird genau wie die beiden anderen Herzen gehäkelt, mit dem Unterschied, dass ab der 3. Rd alles ihM gehäkelt wird. Das Herz wird dadurch größer als die beiden anderen Herzen.

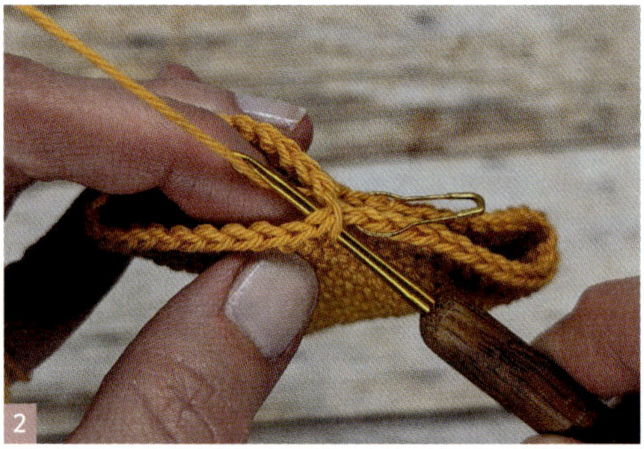

2

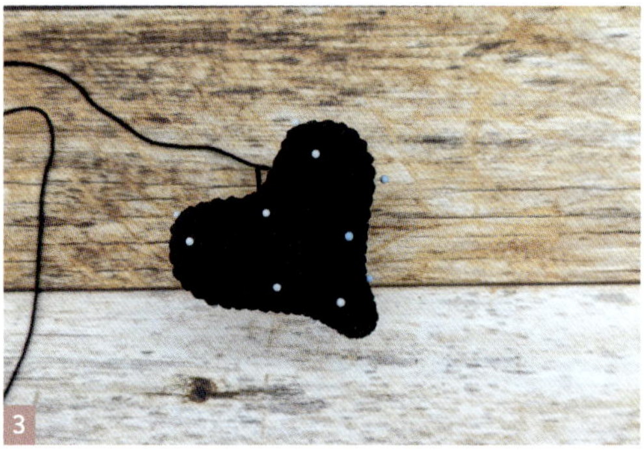

3

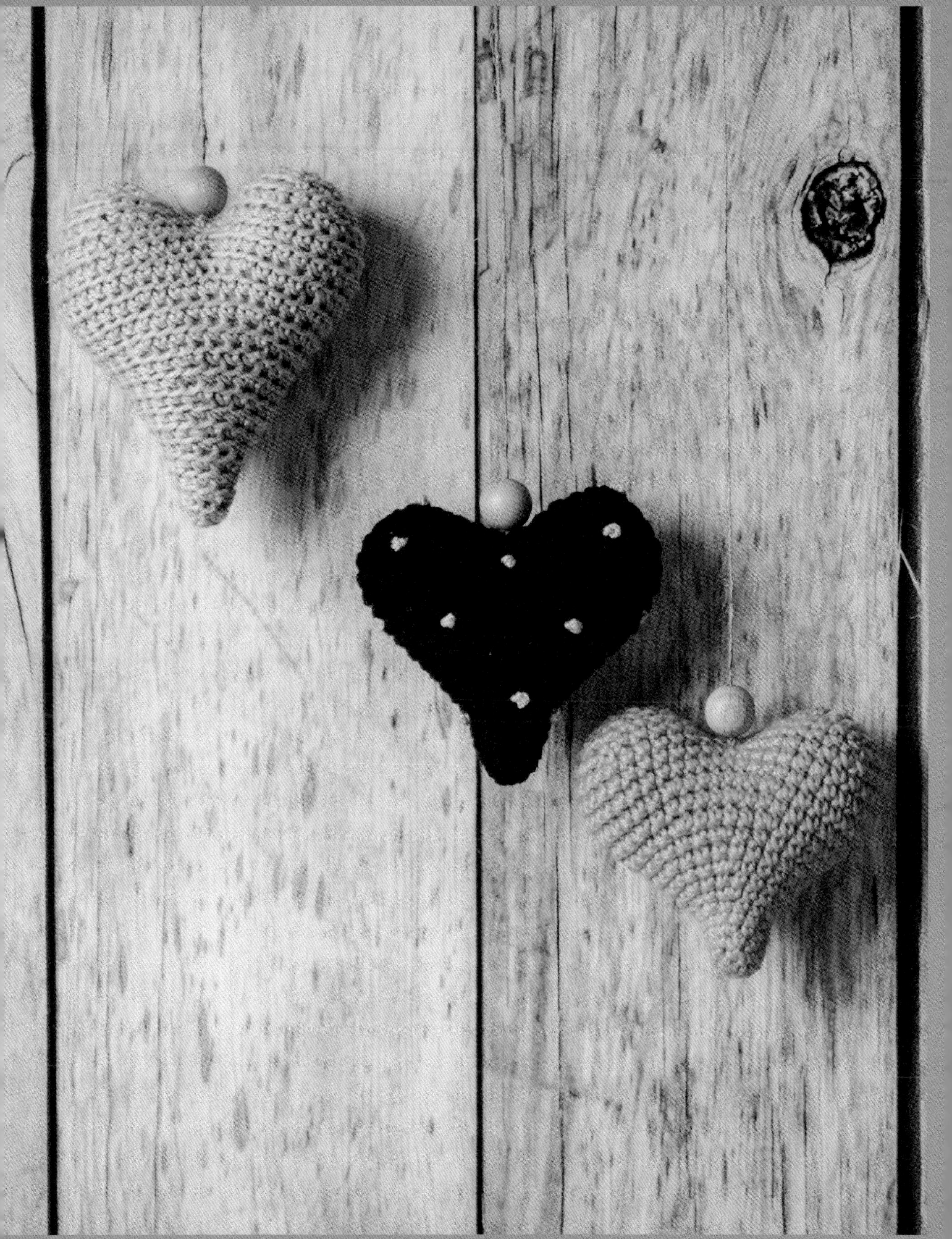

Bunte Küchentücher

Wenn du zukünftig auf Microfasertücher in Küche und Bad verzichten möchtest, sind diese gehäkelten Spül- und Putztücher genau das Richtige für dich. Sie eignen sich hervorragend dafür, neue Muster auszuprobieren. Du findest hier vier unterschiedliche Muster, die später im Buch nochmals für andere Projekte genutzt werden. Mit einer schönen Banderole versehen, sind die Lappen ein großartiges, praktisches Geschenk. Häkle dir viele bunte Lappen und verschönere so deine Küche oder dein Bad! Du kannst die Tücher auch mit doppeltem Faden und entsprechend dickerer Häkelnadel fertigen, dann kannst du sie auch als Topflappen nutzen.

Größe
ca. 25 x 25 cm

▶ Hinweis: Häkle die Lappen nicht zu fest, denn sie sollen weich und flexibel bleiben. Du kannst am Ende in einer Ecke eine Lm-Schlaufe zum Aufhängen häkeln oder ein Kunstlederlabel anbringen.

1 KÜCHENTUCH MIT ROSENSTÄBCHEN

Material

- Scheepjes Catona [100% Baumwolle LL 125 m/50 g] in:
  - Charcoal (Fb 393), ca. 50 g
- Häkelnadel 3,5 mm
- Stopfnadel zum Vernähen

So häkelst du ein Rosenstäbchen

Du nimmst, wie bei einem Stäbchen, einen Umschlag auf die Nd. In die nächste M einstechen, Faden holen, durch die M und auch direkt durch den Umschlag auf der Nd ziehen. (→ Bild 1–2) Du hast jetzt zwei Schlingen auf deiner Nd. Hole erneut den Faden und masche die beiden Schlingen wie gewohnt ab. (→ Bild 3–4). Da die Rosen-Stb etwas kleiner als die üblichen Stb sind, brauchst du nur zwei Wende-Lm. Wenn du das Muster in R häkelst, sehen beide Seiten gleich aus. Das Häkelbild des Musters ändert sich, wenn du Rosen-Stäbchen in Rd häkelst.

Häkle in R. Jede R endet mit 2 Wende-Lm. 52 Lm anschlagen, beginne in der 3. M von der Nd aus und häkle wie folgt an der Lm-Kette zurück:

1. R: 50 Rosen-Stb.

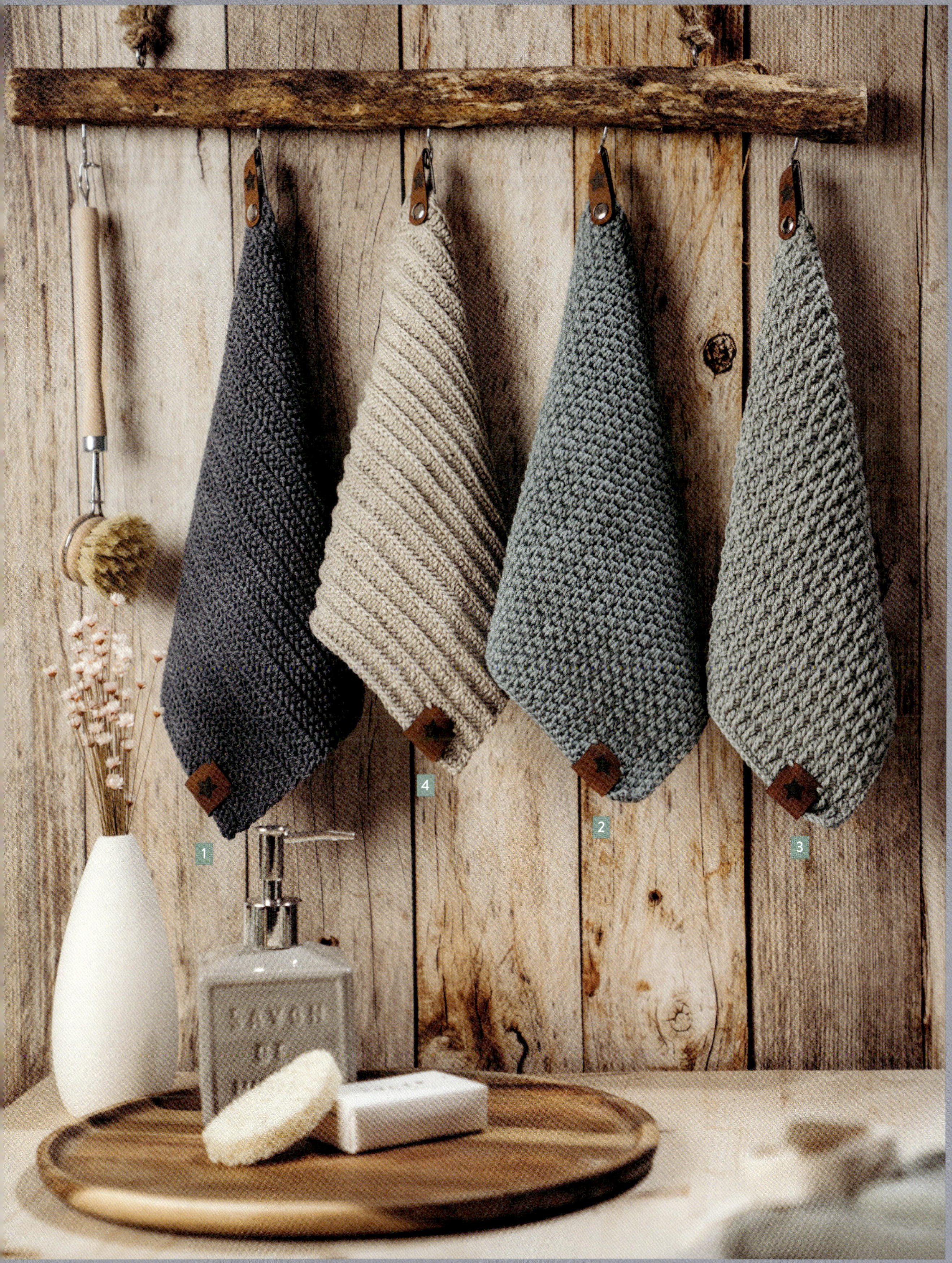
1
4
2
3
SAVON
DE

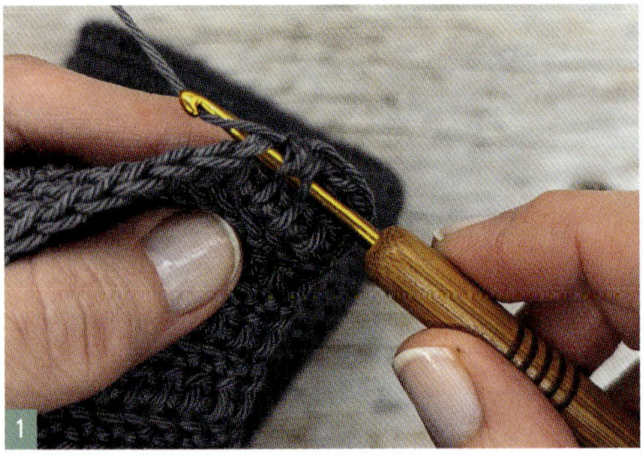

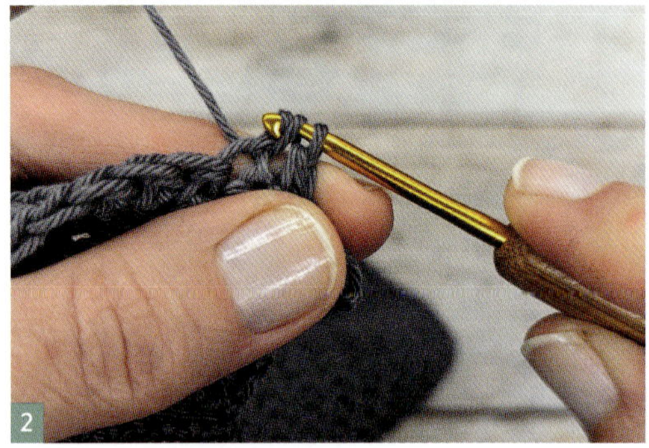

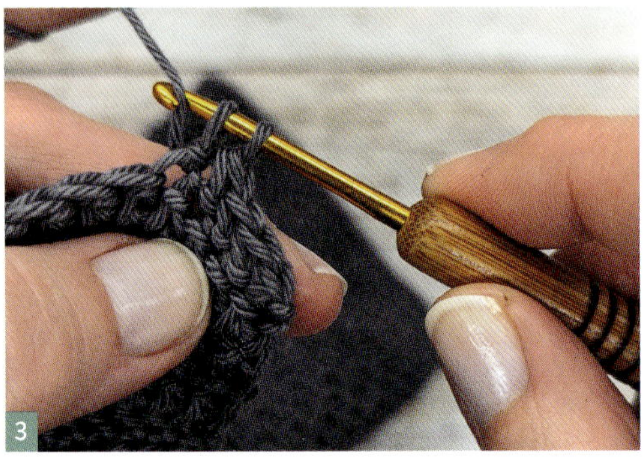

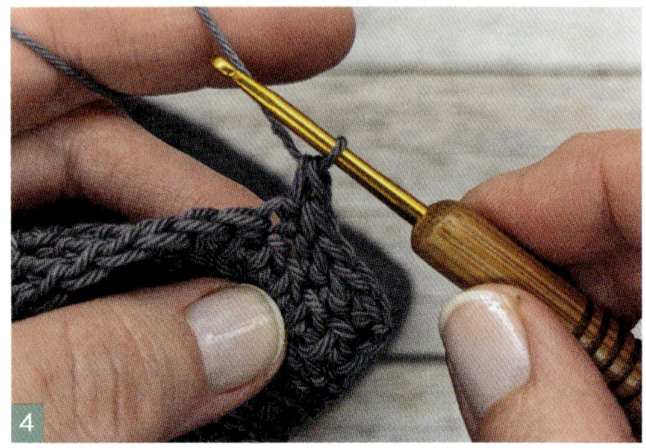

Wdh die 1. R so lange, bis du ein Quadrat gehäkelt oder dein Knäuel aufgebraucht hast. Arbeit beenden.

2 KÜCHENTUCH IM DEZENTEN STREIFENMUSTER

Material

- Scheepjes Catona [100 % Baumwolle LL 125 m/50 g] in:
  - Silver Blue (Fb 528), ca. 75 g
- Häkelnadel 3,5 mm
- Stopfnadel zum Vernähen

So häkelst du das dezente Streifenmuster

Das Muster besteht aus fM, dabei wird jede zweite fM tiefer gestochen.

So häkelst du eine tiefer gestochene fM

Stich mit der Nd unterhalb der Masche deiner Arbeitsreihe, also eine R tiefer als üblich ein, (→ Bild 5) hole den Faden und ziehe ihn knapp bis oberhalb deiner Häkelkante. Hole den Faden erneut und masche die beiden Schlaufen auf deiner Nd ab. Die tiefergestochene M liegt nun vor einer M in deiner Arbeitsreihe. Damit du nicht unfreiwillig zunimmst, musst du diese 1 M in deiner Arbeitsreihe auslassen.
Das Muster sieht von beiden Seiten gleich aus.

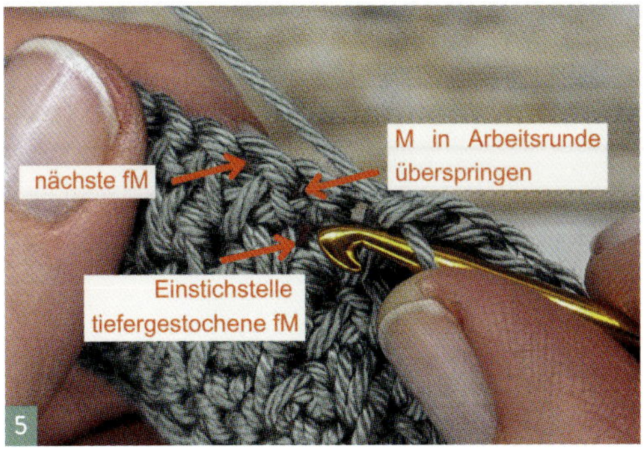

Häkle in R. Am Ende jeder R muss keine Wende-Lm gehäkelt werden.
51 Lm anschlagen, beginne in der 2. M von der Nd aus und häkle wie folgt an der Lm-Kette zurück:
1.–2. R: 50 fM.
3. R: *1 fM, 1 TgfM*, von * bis * noch 24 x wdh. [50]
Wdh die 3. R so lange, bis du ein Quadrat gehäkelt hast. Arbeit beenden.

3 KÜCHENTUCH IM ALPINMUSTER

Material

- Scheepjes Catona [100 % Baumwolle LL 125 m/50 g] in:
  - Silver Green (Fb 402), ca. 50 g
- Häkelnadel 3,5 mm
- Stopfnadel zum Vernähen

So häkelst du das Alpinmuster

Das Muster besteht aus einer Hin-R, in der abwechselnd Stb und RDStbv gehäkelt werden, und einer Rück-R aus fM. Die Reliefstäbchen werden immer versetzt um das darunterliegende Stb gehäkelt, so entsteht eine Art Rautenmuster. Damit der Seitenrand schöner wird, ist die erste und letzte M der Hin-R immer ein Stb. Alle RDStbv werden von vorne nach hinten und wieder nach vorne um den Maschenkörper der M zwei R tiefer gehäkelt (die R mit den fM wird übersprungen, du häkelst immer um ein Stb herum). Das Reliefstäbchen liegt nun vor einer M in deiner Arbeitsreihe. Damit du nicht unfreiwillig zunimmst, musst du diese 1 M in deiner Arbeitsreihe auslassen.
Das Muster erhält auf der Vorderseite durch die Reliefmaschen eine schöne Struktur, die Rückseite ist glatt.

Häkle in R. Am Ende der Hin-R wird 1 Wende-Lm gehäkelt. Am Ende der Rück-R werden 3 Wende-Lm gehäkelt.
57 Lm anschl, beginne in der 4. M von der Nd aus und häkle wie folgt an der Lm-Kette zurück:
1. R: 54 Stb, 1 Lm.
2. R (Rück-R): 54 fM.
3. R (Hin-R): 1 Stb, *1 RDStbv, 1 Stb*, von * bis * noch 25 x wdh, 1 Stb. [54]
4. R (Rück-R): 54 fM.
5. R (Hin-R): 1 Stb, *1 Stb, 1 RDStbv*, von * bis * noch 25 x wdh, 1 Stb. [54]
Wdh die 2.–5. R so lange, bis du ein Quadrat gehäkelt oder dein Knäuel aufgebraucht hast. Arbeit beenden.

4 KÜCHENTUCH MIT BREITER QUERRIPPE

Material

- Scheepjes Catona [100% Baumwolle LL 125 m/50 g] in:
  - Champagne (Fb 248), ca. 50 g
- Häkelnadel 3,5 mm
- Stopfnadel zum Vernähen

SO HÄKELST DU DIE BREITE QUERRIPPE

Das Muster wird ausschließlich mit hStb gehäkelt. Es entsteht dadurch, dass sich die Einstichstelle ändert. Normalerweise musst du deine Arbeit etwas zu dir hindrehen, damit du das vordere und hintere M-Glied siehst. (→ Bild 6) Das musst du bei diesem Muster nicht. Nimm einen Umschlag auf die Nd, stich auf der Vorderseite unterhalb des vorderen M-Gliedes in die querliegende Schlinge. Erfasse diese Schlinge mit deiner Häkelnadel von unten nach oben. (→ Bild 7) Den Faden holen, durchziehen und das hStb wie gewohnt fertighäkeln. Das Muster kann auch in Rd gehäkelt werden. Durch das fehlende Wenden befindet sich die querliegende Schlinge dann hinter dem hinteren M-Glied, auf der Innenseite deiner Arbeit.

Das Muster erscheint in R gehäkelt, auf beiden Seiten, in Rd gehäkelt nur auf der Vorderseite.

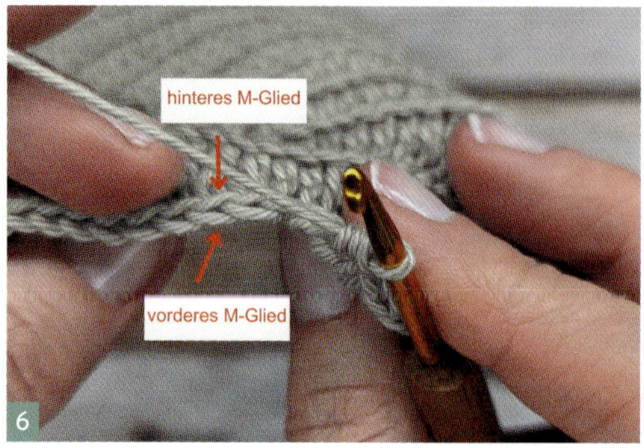

6

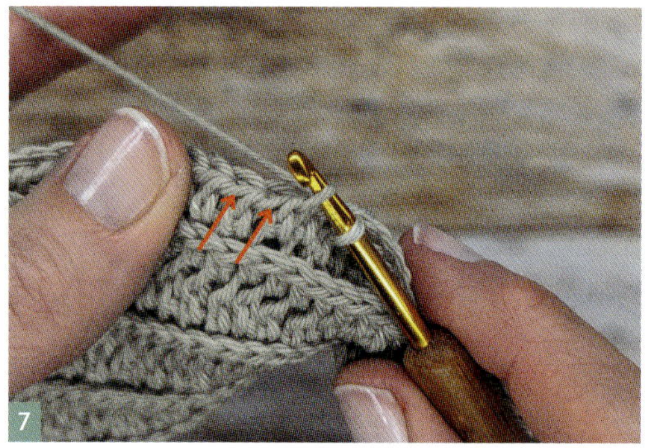
7

Häkle in R. Am Ende jeder R 1 Wende-Lm häkeln.

62 Lm anschlagen, beginne in der 3. M von der Nd aus und häkle wie folgt an der Lm-Kette zurück:

1. R: 60 hStb.

2. R: 60 hStb in die vorne querliegende Schlinge.

Wdh die 2. R so lang, bis du ein Quadrat gehäkelt oder dein Knäuel aufgebraucht hast. Arbeit beenden.

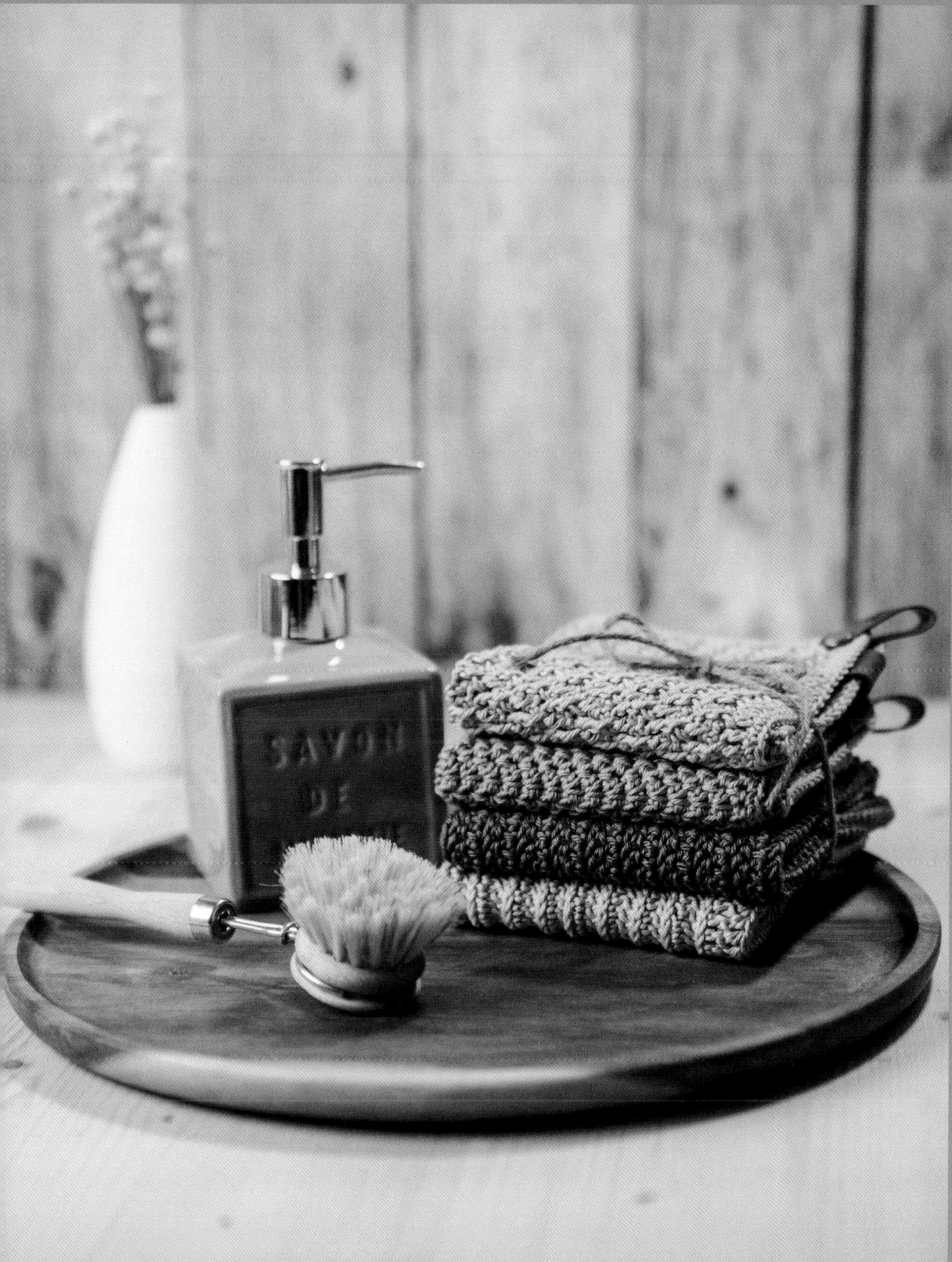
SAVON
DE

Freundliche Applikationen

Größe
Kleine Blume: ca. 10 x 5 cm
Große Blume: ca. 16 x 8 cm

Material

- Scheepjes Stone Washed [78 % Baumwolle, 22 % Acryl LL 130 m/50 g] in:
  - Boulder Opal (Fb 804), Rest
  - Moon Stone (Fb 801), Rest
  - Crystal Quartz (Fb 814), Rest
- Scheepjes Catona [100 % Baumwolle LL 125 m/50 g] in:
  - Black Coffee (Fb 162), Rest
  - Silver Green (Fb 402), Rest
  - Silver Blue (Fb 528), Rest
  - Old Lace (Fb 130), Rest
  - Hazelnut (Fb 503), Rest
- Häkelnadel 3,0 mm
- Häkelnadel 2,5 mm
- Stopfnadel zum Vernähen

GROSSE BLUME

Außenblüte (in Boulder Opal oder Crystal Quartz)

In Spiral-Rd häkeln. Mit Häkelnadel 3,0 mm.

1. Rd: 7 fM in einen Fadenring.
2. Rd: 7 x 1 fM zun. [14]
3. Rd: *1 fM, 1 fM zun*, von * bis * noch 6 x wdh. [21]
4. Rd: *2 fM, 1 fM zun*, von * bis * noch 6 x wdh. [28]
5. Rd: *3 fM, 1 fM zun*, von * bis * noch 6 x wdh. [35]
6. Rd: *4 fM, 1 fM zun*, von * bis * noch 6 x wdh. [42]
7. Rd: *5 fM, 1 fM zun*, von * bis * noch 6 x wdh. [49]
8. Rd: *6 fM, 1 fM zun*, von * bis * noch 6 x wdh. [56]
9. Rd: *7 fM, 1 fM zun*, von * bis * noch 6 x wdh. [63]
10. Rd: 63 fM.
Faden abschneiden, abketten und Rd unsichtbar beenden.

Blüteninneres (in Silver Blue oder Old Lace)

In Spiral-Rd häkeln. Mit Häkelnadel 2,5 mm.

1. Rd: 7 fM in einen Fadenring.
2. Rd: 7 x 1 fM zun. [14]
3. Rd: *1 fM, 1 fM zun*, von * bis * noch 6 x wdh. [21]
4. Rd: *2 fM, 1 fM zun*, von * bis * noch 6 x wdh. [28]
5. Rd: 28 fM.
Faden abschneiden, abketten und Rd un-

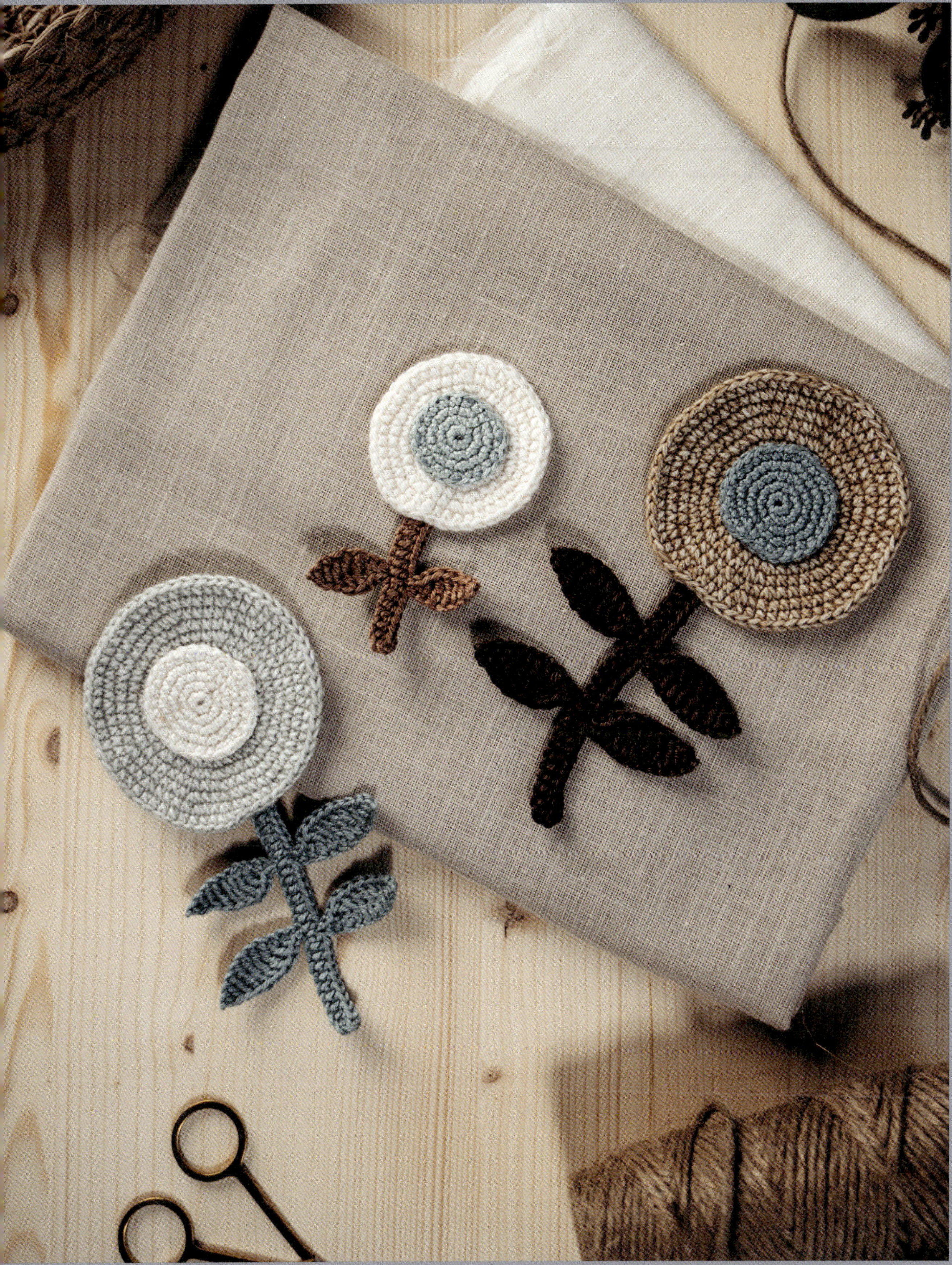

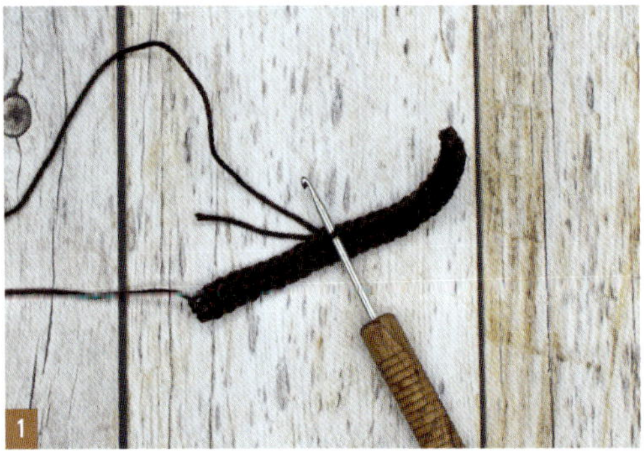

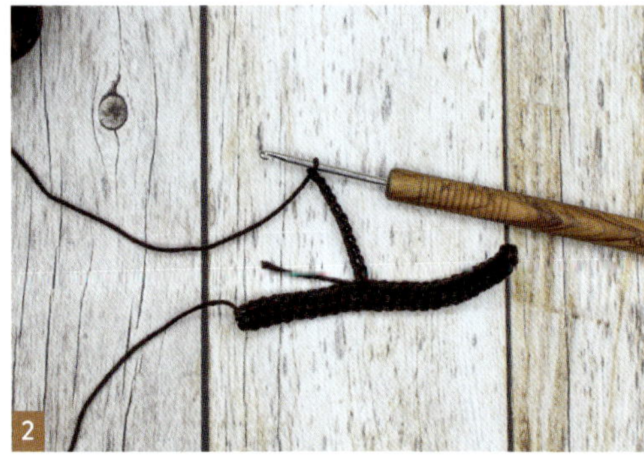

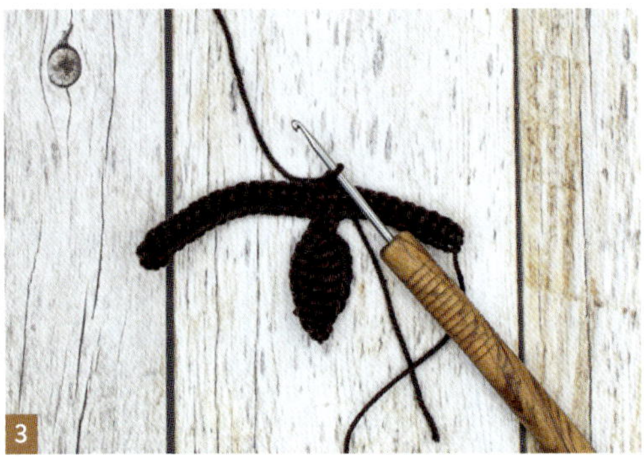

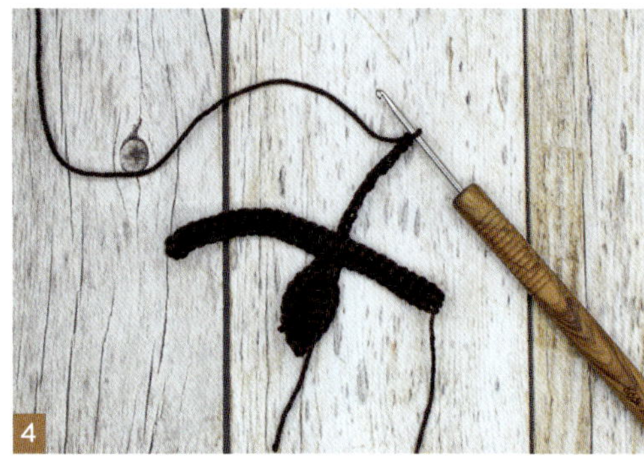

sichtbar beenden. Das Blüteninnere mittig auf der Außenblüte festnähen.

Blumenstängel (in Black Coffee oder Silver Blue)

Mit Häkelnadel 2,5 mm.

28 Lm anschl, in der 2. Lm von der Nd aus beginnen und 27 hStb häkeln. Faden lang abschneiden und abketten. Damit später den Stängel von hinten an die Außenblüte nähen.

Blätter (4 x in Black Coffee oder Silver Blue)

Die Blätter werden direkt an den Stängel angehäkelt. Dazu in der 11. M des Stängels mit 1 Km anketten und 11 Lm anschl. Häkle wie folgt ab der 2. Lm von der Nd aus:

1. R: 1 fM, 1 hStb, 1 Stb, 5 DStb, 1 hStb, 1 fM, 1 Km zurück in die 11. M des Stängels. Abketten und vernähen (→ Bild 1 -2). In der gegenüberliegenden Lm der Anfangs-Lm-Kette des Stängels wdh (→ Bild 3-4). Für das zweite Blätterpaar alle Schritte beginnend in der 11. M des Stängels wdh.

KLEINE BLUME

Außenblüte (in Moon Stone)

In Spiral-Rd häkeln. Mit Häkelnadel 3,0 mm.

1. Rd: 7 fM in einen Fadenring.

2. Rd: 7 x 1 fM zun. [14]

3. Rd: *1 fM, 1 fM zun*, von * bis * noch 6 x wdh. [21]

4. Rd: *2 fM, 1 fM zun*, von * bis * noch 6 x wdh. [28]

5. Rd: *3 fM, 1 fM zun*, von * bis * noch 6 x wdh. [35]

6. Rd: *4 fM, 1 fM zun*, von * bis * noch 6 x wdh. [42]

7. Rd: 42 fM.

Faden abschneiden, abketten und Rd unsichtbar beenden.

Blüteninneres (in Silver Green)

In Spiral-Rd häkeln. Mit Häkelnadel 2,5 mm.

1. Rd: 7 fM in einen Fadenring.

2. Rd: 7 x 1 fM zun. [14]

3. Rd: *1 fM, 1 fM zun*, von * bis * noch 6 x wdh. [21]

4. Rd: 21 fM.

Faden abschneiden, abketten und Rd unsichtbar beenden. Das Blüteninnere mittig auf der Außenblüte festnähen.

Blumenstängel (in Hazelnut)

Mit Häkelnadel 2,5 mm. 17 Lm anschl, in der 2. Lm von der Nd aus beginnen und 16 hStb häkeln. Faden lang abschneiden und abketten. Damit später den Stängel von hinten an die Außenblüte nähen.

Blätter (4 x in Black Coffee oder Silver Blue)

Die Blätter werden direkt an den Stängel angehäkelt. Dazu in der 8. M des Stängels mit 1 Km anketten und 8 Lm anschl. Häkle wie folgt ab der 2. Lm von der Nd aus:

1. R: 1 fM, 1 hStb, 1 Stb, 2 DStb, 1 hStb, 1 fM, 1 Km zurück in die 8. M des Stängels.

Abketten und vernähen. In der gegenüberliegenden Lm der Anfangs-Lm-Kette des Stängels wdh.

Fertigstellen

Den fertigen Stängel von hinten an die Außenblüte nähen. Achte darauf, dass die Stiche nicht auf der Vorderseite der Blüte sichtbar sind. Stich dazu quer und mittig in die M der Blüte ein.

▶ Hinweis: Bügele die Häkelapplikationen am besten vor, so lassen sie sich leichter aufnähen. Du kannst sie außerdem mit etwas Sprühstärke fixieren.

Behagliches Kissen im Korbmuster

Größe
ca. 40 x 40 cm

Material

- Scheepjes Scrumptious [50 % recyceltes Polyester, 50 % Acryl LL 300 m/100 g] in:
  - Buttercream Icing (Fb 302) ca. 250 g
- 4 Holzknöpfe Ø 3 cm
- 1 Kisseninlay 40 x 40 cm
- Häkelnadel 4,0 mm
- Stopfnadel zum Vernähen

SO GEHT`S

Die Kissenhülle wird in einem Stück in Reihen gehäkelt. Es entsteht ein Rechteck, welches im Anschluss an den langen Seiten zusammengenäht wird. Da das Muster sehr dehnbar ist, ist die Breite der Kissenhülle etwas schmaler (ca. 5 cm) als das Kisseninlay, das passt sich später gut an.
Zuerst wird das Rippen-Bündchen mit den Knopflöchern in R gehäkelt. Hier werden keine Wende-Lm gehäkelt, so leiert das Bündchen nicht so schnell aus.
Im Anschluss wird das Korbmuster direkt an das Bündchen gehäkelt. So viele R häkeln, bis die Hülle einmal um das Kisseninlay passt. (Länge inkl. Bündchen ca. 80 cm.)
Danach schließt die Hülle mit einem Abschlussrand aus fM ab. Diese R verschwinden später unter dem Rippenbündchen. Durch die feste Struktur der M kann man die Knöpfe gut und sicher annähen.
(→ Bild 1)

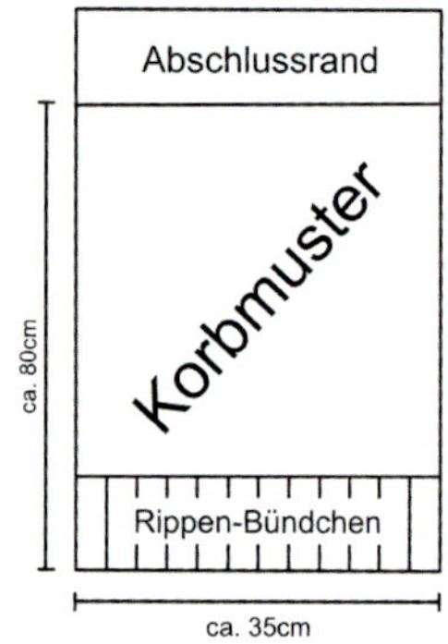

1

RIPPEN-BÜNDCHEN

Häkle in R. Es werden keine Wende-Lm gehäkelt. Die Lm werden nicht als M gezählt.
15 Lm anschl, in die 2. Lm von der Nd aus einstechen und wie folgt häkeln:
1. R: 14 fM.
Ab hier alles ins hintere M-Glied häkeln.
2.–14. R: 14 fM.
In der nächsten R entsteht das erste Knopfloch.
15. R: 5 fM, 4 Lm, 4 M überspringen, 5 fM. [10]
Achte in der nächsten R darauf, dass

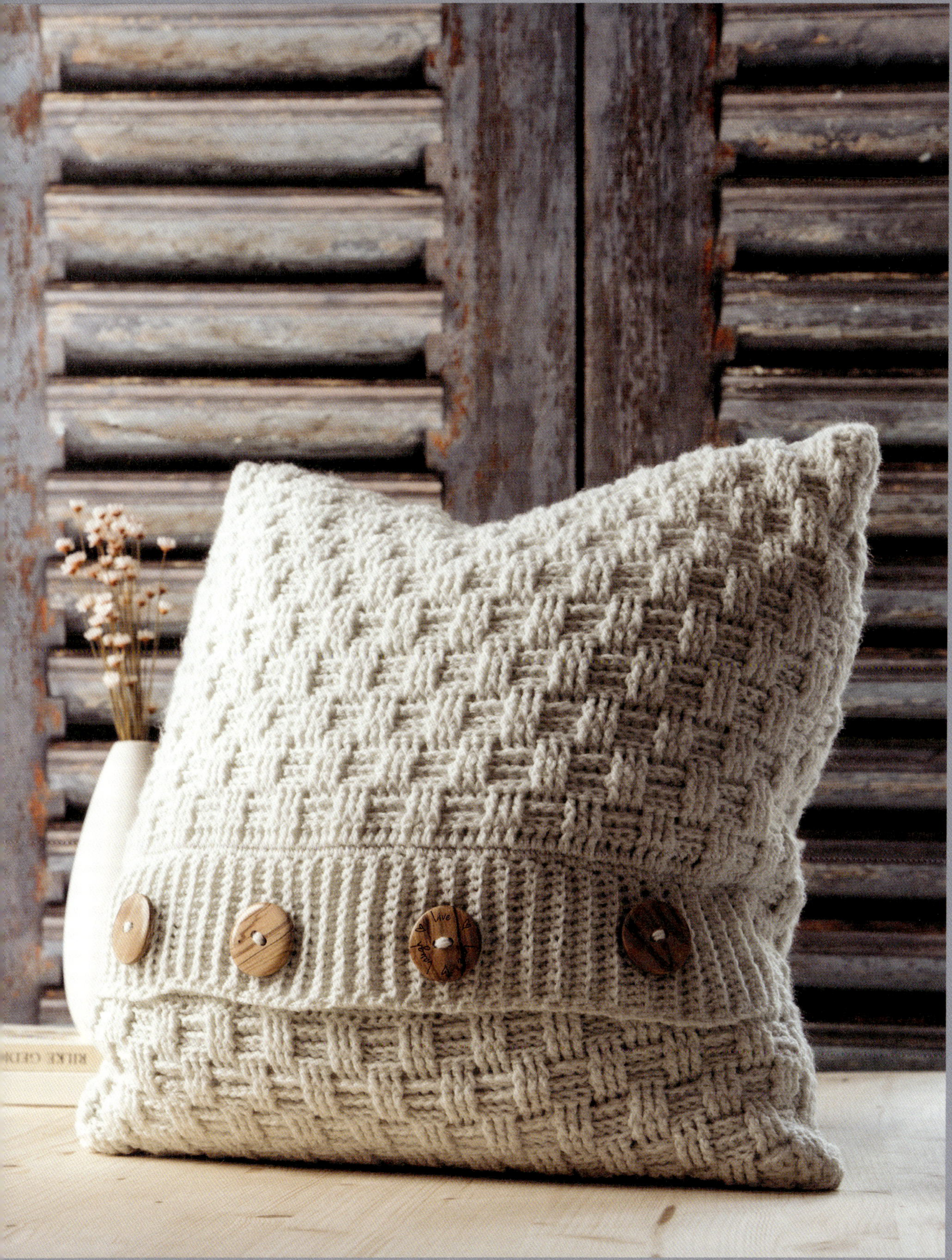

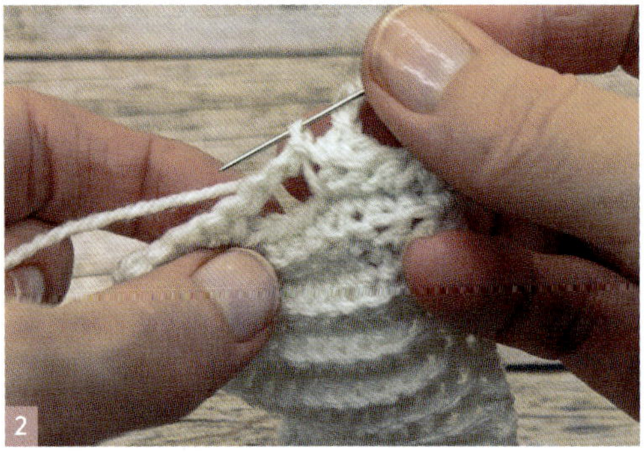
2

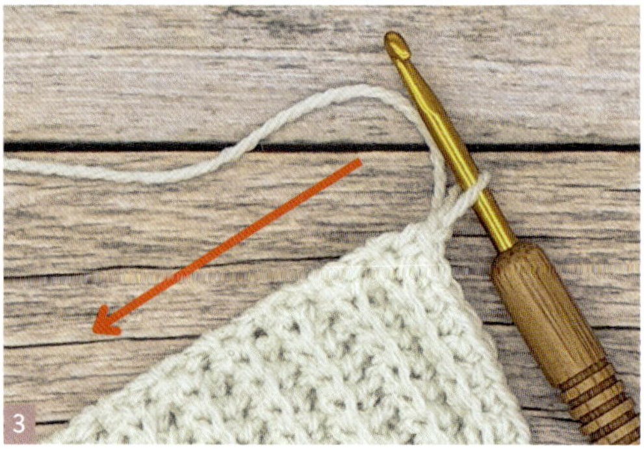
3

du alle Lm erwischst, die erste Lm ist sehr stramm. Diese kannst du mit einer Stopfnadel etwas lockern. (→ Bild 2)
16. R: 5 fM, 4 fM in die Lm der 15. R, 5 fM. [14]
17.–29. R: 14 fM.
Die 15.–29. R insgesamt 3 x wdh.
Du hast jetzt 74 R gehäkelt. Faden nicht abschneiden, es geht direkt mit dem Korbmuster weiter.

KISSENHÜLLE IM KORBMUSTER

Zunächst 1 Lm häkeln. Es wird nun entlang der Längsseite des Bündchens gehäkelt. (→ Bild 3) Um einen schöneren Anfang zu erhalten, zuerst eine R fM häkeln, und zwar in jede R des Bündchens 1 fM.
Das Korbmuster wird über 72 M gehäkelt. Die beiden äußeren seitlichen M dienen als sog. Anker-M für das Muster. Jede R mit 2 Wende-Lm beenden, es sei denn, es steht etwas anderes dabei.
1. R: 74 fM, 3 Wende-Lm. [74]
2. R: 74 Stb.
Ab hier beginnt das Korbmuster.
3.–4. R: 1 hStb, *3 RStbv, 3 RStbh*, von * bis * noch 11 x wdh, 1 hStb. [74]
5.–7. R: 1 hStb, *3 RStbh, 3 RStbv*, von * bis * noch 11x wdh, 1 hStb. [74]
8.–10. R: 1 hStb, *3 RStbv, 3 RStbh*, von * bis * noch 11x wdh, 1 hStb. [74]
Ab jetzt die 5.–10. R wdh, bis eine Gesamtlänge (inkl. Bündchen) von ca. 80 cm erreicht ist und die Hülle gut über das Inlay passt. Mit 1 Lm beenden.
Faden nicht abschneiden, es geht mit dem 3. Abschnitt des Kissens weiter.

ABSCHLUSSRAND

Jede R endet mit 1 Wende-Lm.
1.–15. R: 74 fM.
Der Rand sollte in etwa die gleiche Höhe wie das Rippen-Bündchen haben, ggf. noch ein paar R mehr oder weniger häkeln.
Faden abschneiden, abketten und vernähen.

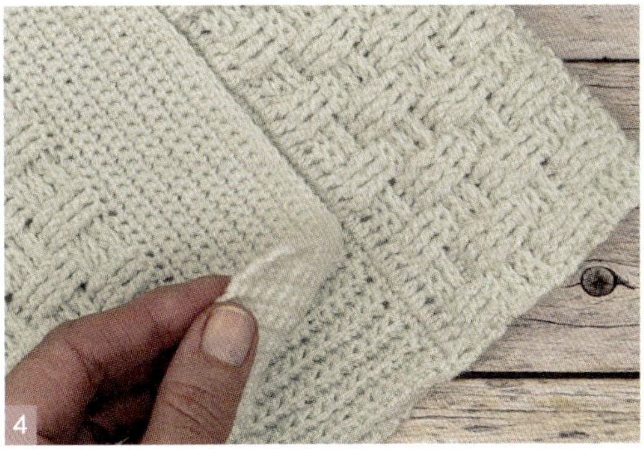

4

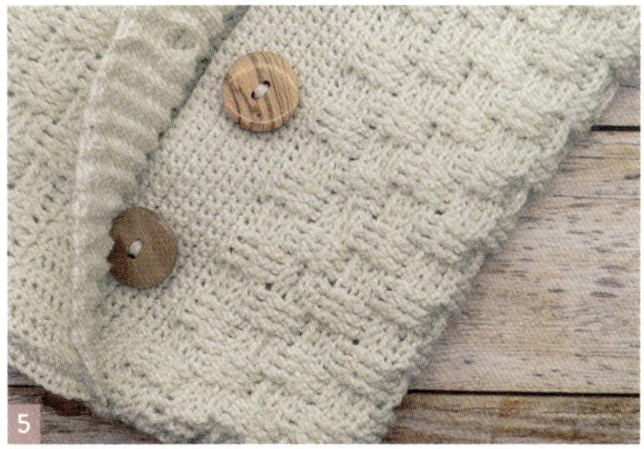

5

Fertigstellen

Die kurzen Seiten des Rechtecks so aufeinanderlegen, dass das Bündchen im unteren Drittel des Kissens liegt. Die rechte Seite der Hülle zeigt nach innen. Der Abschlussrand liegt über dem Rippen-Bündchen. An dieser Stelle liegen 3 Lagen übereinander. (→ Bild 4) Nun die Seiten zusammennähen, vorher mit Stecknadeln fixieren und alle Fäden vernähen. Das Kissen auf rechts drehen und die Knöpfe hinter die Knopflöcher auf den Abschlussrand nähen. (→ Bild 5) Kisseninlay in die Hülle schieben und Knöpfe schließen.

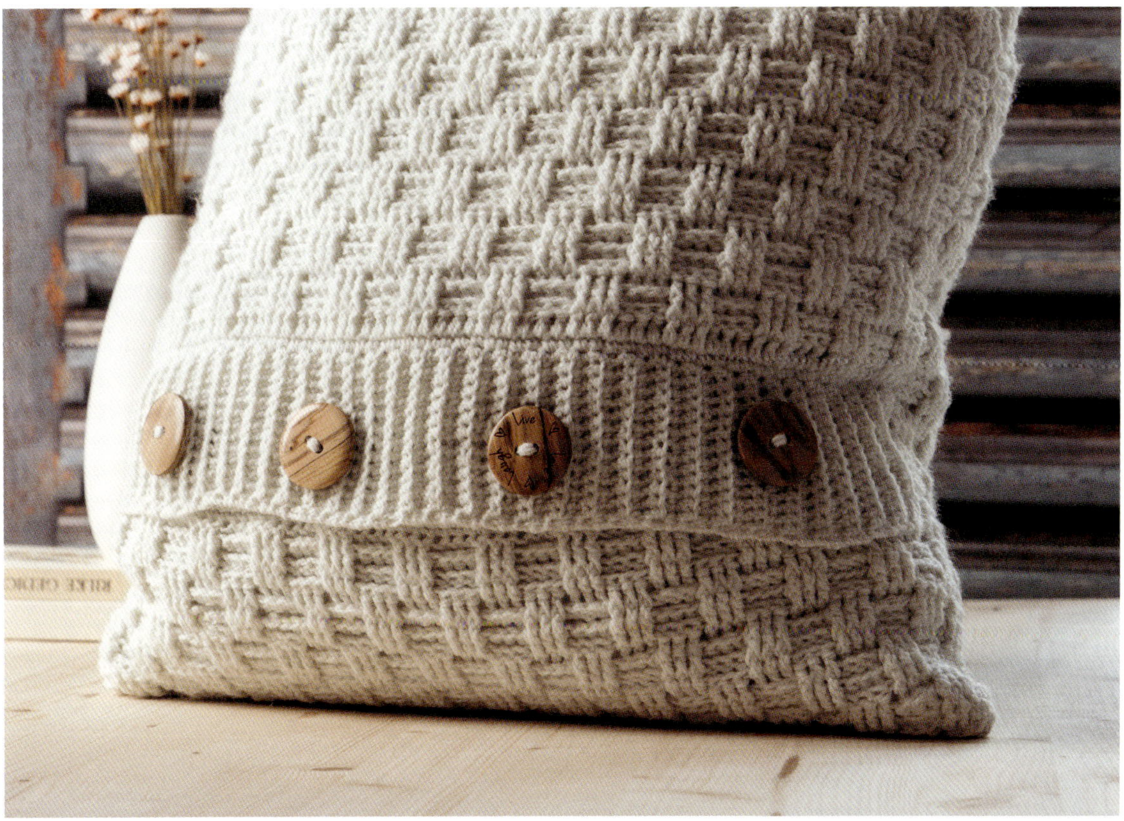

Wolliger Filzkorb

Häkeln mit Filzwolle eignet sich hervorragend für Anfänger, oder um sich an das Häkeln in Spiralrunden zu wagen. Durch das spätere Filzen in der Waschmaschine sieht man all die kleinen Fehler, die man anfangs vielleicht noch macht, nicht mehr. Es ist egal, ob die M alle exakt gleichmäßig geraten sind, am Ende wird das niemand mehr sehen. Durch die dicke Häkelnadel bist du zudem auch schnell mit dem Projekt fertig. Gut zu wissen: Je mehr Platz zwischen den M ist, desto besser verfilzt die Wolle – es ist also gar nicht nötig, fest zu häkeln.

Größe

Höhe ca. 17 cm, Ø ca. 17 cm

Material

- Gründl Filzwolle uni [100% Schurwolle LL 50 m/50 g] in:
  - Silbergrau (Fb 50), ca. 150 g
  - Curry (Fb 55), ca. 70 g
- Häkelnadel 7,0 mm
- Stopfnadel zum Vernähen

FILZKORB (IN SILBERGRAU UND CURRY)

In Spiral-Rd häkeln. Mit Silbergrau beginnen.

1. Rd: 6 fM in einen Fadenring.
2. Rd: 6 x 1 fM zun. [12]
3. Rd: *1 fM, 1 fM zun*, von * bis * noch 5 x wdh. [18]
4. Rd: *1 fM, 1 fM zun, 1 fM*, von * bis * noch 5 x wdh. [24]
5. Rd: *3 fM, 1 fM zun*, von * bis* noch 5 x wdh. [30]
6. Rd: *2 fM, 1 fM zun, 2 fM*, von * bis * noch 5 x wdh. [36]
7. Rd: *5 fM, 1 fM zun*, von * bis * noch 5 x wdh. [42]
8. Rd: *3 fM, 1 fM zun, 3 fM*, von * bis * noch 5 x wdh. [48]
9. Rd: *7 fM, 1 fM zun*, von * bis * noch 5 x wdh. [54]
10. Rd: *4 fM, 1 fM zun, 4 fM*, von * bis * noch 5 x wdh. [60]
11. Rd: *9 fM, 1 fM zun*, von * bis * noch 5 x wdh. [66]
12. Rd: *5 fM, 1 fM zun, 5 fM*, von * bis * noch 5 x wdh. [72]

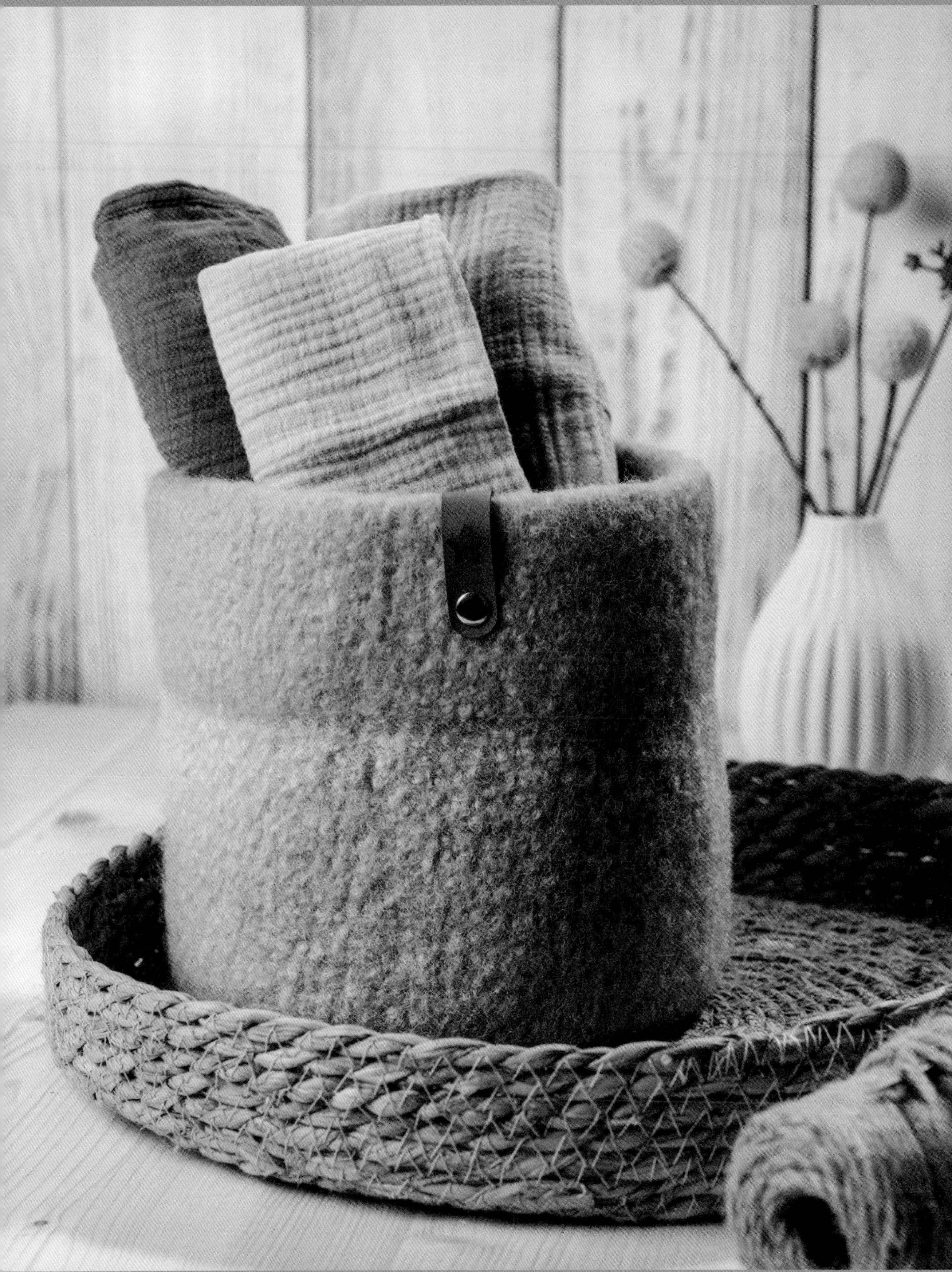

13. Rd: *11 fM, 1 fM zun*, von * bis * noch 5 x wdh. [78]
14. Rd: *6 fM, 1 fM zun, 6 fM*, von * bis * noch 5 x wdh. [84]
15. Rd: 84 fM ihM.
16.–30. Rd: 84 fM.
31. Rd: 84 Km – die Km nicht zu fest häkeln! Farbwechsel zu Ocker.
32. Rd: 84 Km ihM – die Km nicht zu fest häkeln!
33. Rd: 84 fM ihM.
34.–42. Rd: 84 fM.
Faden lang abschneiden, abketten und Rd unsichtbar beenden. Alle Fäden vernähen.

Fertigstellen

Auf der Banderole der Filzwolle steht alles Wichtige, was beim Filzen in der Waschmaschine zu beachten ist. Große Teile (wie z. B. dieser Korb) sollten separat gefilzt werden, sonst kann es passieren, dass der Filzvorgang nicht ausreichend ist. Generell sollte keine andere Wäsche mit in die Waschtrommel gegeben werden. Sobald das Waschprogramm durchgelaufen ist, den Korb aus der Maschine nehmen und kräftig in Form ziehen. Falls man eine entsprechend große Zylinderform (wie z. B. Vase, Blechdose etc.) zu Hause hat, kann man den Korb zum Trocknen auch darüberstülpen, das vereinfacht das In-Form-Ziehen.

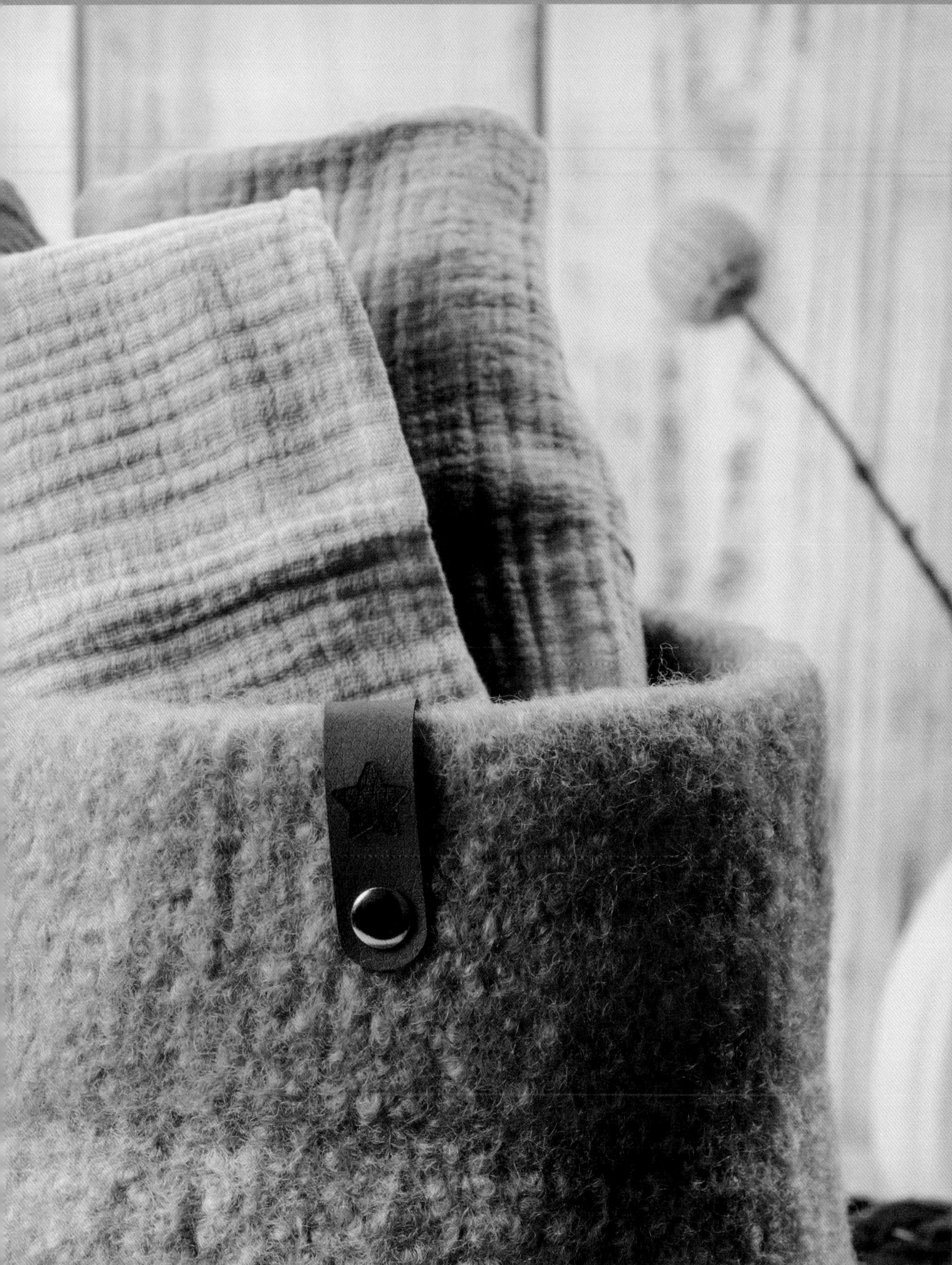

Exklusiver Wandkranz

Größe

Ø ca. 33 cm

Material

- Scheepjes Catona [100 % Baumwolle LL 125 m/50 g] in:
  - English Tea (Fb 404), ca. 40 g
- Color Crafter [100 % Premium-Acryl, LL 300 m/100 g] in:
  - Zandvoort (Fb 1218), ca. 30 g
- Häkelnadel 2,5 mm
- Füllwatte
- Pomponmaker Ø 7 cm und 5,5 cm
- 4 Rohholzkugeln, durchgebohrt, Ø 30 mm
- 2 Rohholzkugeln, durchgebohrt, Ø 40 mm
- 2 Rohholzkugeln, durchgebohrt, Ø 50 mm
- 1 m Palmendraht Ø 2 mm
- Rundzange
- Seitenschneider
- Optional: Band zum Aufhängen
- Stopfnadel zum Vernähen

SO GEHT`S

Zuerst werden alle Kugeln gehäkelt und die Pompons hergestellt. Gerne darfst du hier selbst kreativ werden und den Kranz größer oder kleiner gestalten. Da in einer großen Holzkugel später der Verschluss des Drahtes versteckt wird, ist es sinnvoll, davon zumindest eine Kugel zu nutzen.

KUGEL KLEIN (5 X IN ENGLISH TEA)

In Spiral-Rd häkeln. Fortlaufend mit Füllwatte ausstopfen.

1. Rd: 6 fM in einen Fadenring.

Fadenring nicht zu fest zuziehen, da hier später der Draht noch durchgefädelt wird.

2. Rd: 6 x 1 fM zun. [12]

3. Rd: *1 fM, 1 fM zun*, von * bis * noch 5 x wdh. [18]

4. Rd: *1 fM, 1 fM zun, 1 fM*, von * bis * noch 5 x wdh. [24]

5.–8. Rd: 24 fM.

9. Rd: Rd: *1 fM, 1 fM abn, 1 fM*, von * bis * noch 5 x wdh. [18]

10. Rd: *1 fM, 1 fM abn*, von * bis * noch 5 x wdh. [12]

11. Rd: 6x 1 fM abn. [6]

Faden abschneiden und abketten. Das Loch wird erst nach dem Auffädeln auf den Draht verschlossen.

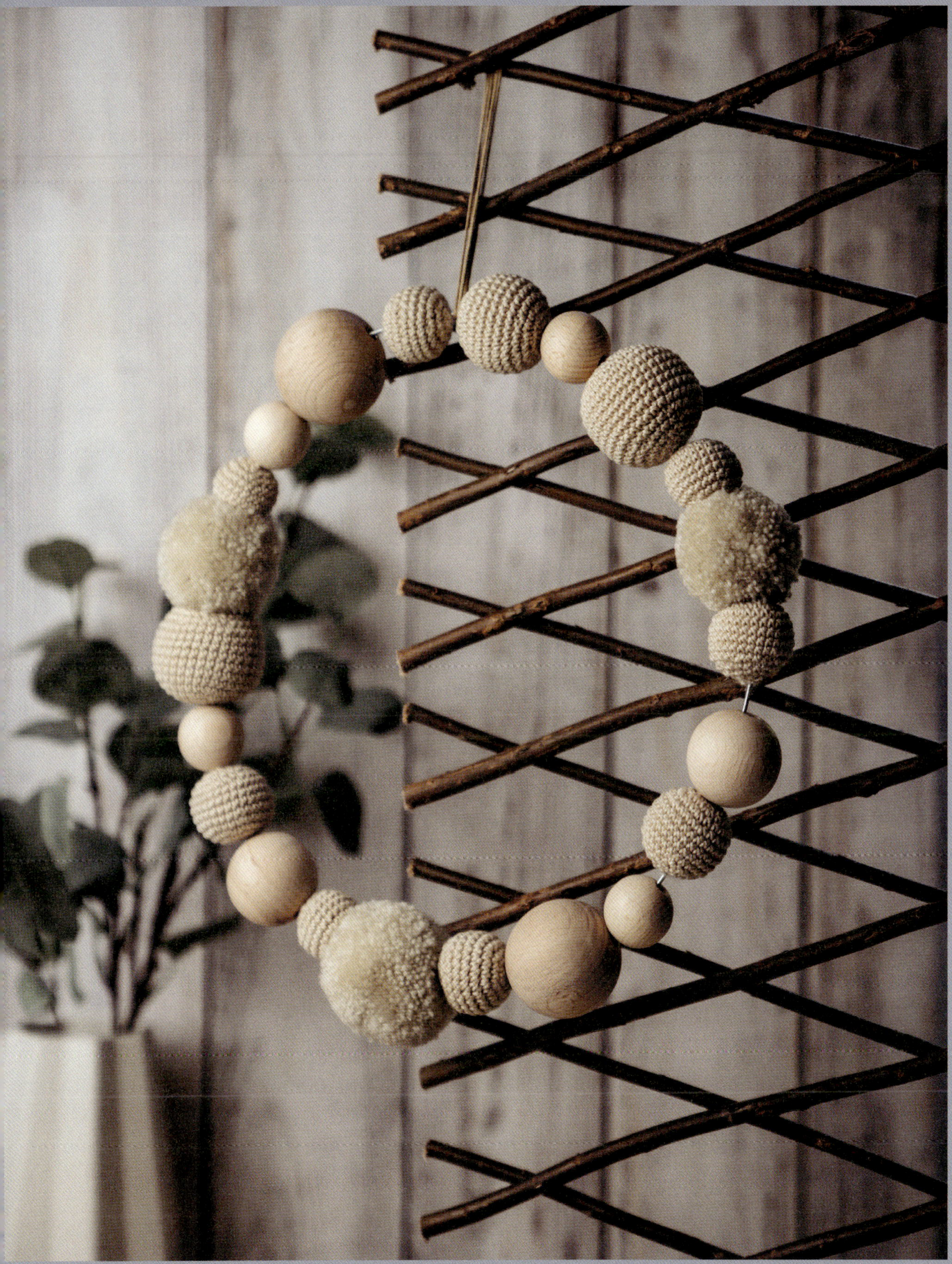

KUGEL MITTEL (4 X IN ENGLISH TEA)

In Spiral-Rd häkeln. Fortlaufend mit Füllwatte ausstopfen.

1. Rd: 6 fM in einen Fadenring.
Fadenring nicht zu fest zuziehen, da hier später der Draht noch durchgefädelt wird.
2. Rd: 6 x 1 fM zun. [12]
3. Rd: *1 fM, 1 fM zun*, von * bis * noch 5 x wdh. [18]
4. Rd: *1 fM, 1 fM zun, 1 fM*, von * bis * noch 5 x wdh. [24]
5. Rd: * 3 fM, 1 fM zun*, von * bis * noch 5 x wdh. [30]
6.–10. Rd: 30 fM.
11. Rd: *3 fM, 1 fM abn*, von * bis * noch 5 x wdh. [24]
12. Rd: *1 fM, 1 fM abn, 1 fM*, von * bis * noch 5 x wdh. [18]
13. Rd: *1 fM, 1 fM abn*, von * bis * noch 5 x wdh. [12]
14. Rd: 6 x 1 fM abn. [6]
Faden abschneiden und abketten. Das Loch wird erst nach dem Auffädeln auf den Draht verschlossen.

KUGEL GROSS (2 X IN ENGLISH TEA)

In Spiral-Rd häkeln. Fortlaufend mit Füllwatte ausstopfen.

1. Rd: 6 fM in einen Fadenring.
Fadenring nicht zu fest zuziehen, da hier später der Draht noch durchgefädelt wird.
2. Rd: 6 x 1 fM zun. [12]
3. Rd: *1 fM, 1 fM zun*, von * bis * noch 5 x wdh. [18]
4. Rd: *1 fM, 1 fM zun, 1 fM*, von * bis * noch 5 x wdh. [24]
5. Rd: * 3 fM, 1 fM zun*, von * bis * noch 5 x wdh. [30]
6. Rd: *2 fM, 1 fM zun, 2 fM*, von * bis * noch 5 x wdh. [36]
7.–12. Rd: 36 fM.
13. Rd: * 2 fM, 1 fM abn, 2 fM*, von * bis * noch 5 x wdh. [30]
14. Rd: *3 fM, 1 fM abn*, von * bis * noch 5 x wdh. [24]
15. Rd: *1 fM, 1 fM abn, 1 fM*, von * bis * noch 5 x wdh. [18]
16. Rd: *1 fM, 1 fM abn*, von * bis * noch 5 x wdh. [12]
17. Rd: 6 x 1 fM abn. [6]
Faden abschneiden und abketten. Das Loch wird erst nach dem Auffädeln auf den Draht verschlossen.

POMPONS (IN ZANDVOORT)

Stelle mithilfe der Pomponmaker zwei große und einen kleineren Pompon her.

Fertigstellen

1. Sobald alle Kugeln und Pompons hergestellt sind, arrangiere diese so im Kreis, wie es dir am besten gefällt.
2. Beginne mit der 50-mm-Holzkugel und fädle alles auf das Drahtstück. Dieses sollte schon zum Kreis geformt sein. Die Häkelkugeln so auffädeln, dass der Draht durch den Maschenring geschoben wird und hinten durch die kleine Öffnung wieder herauskommt. (→ Bild 1)

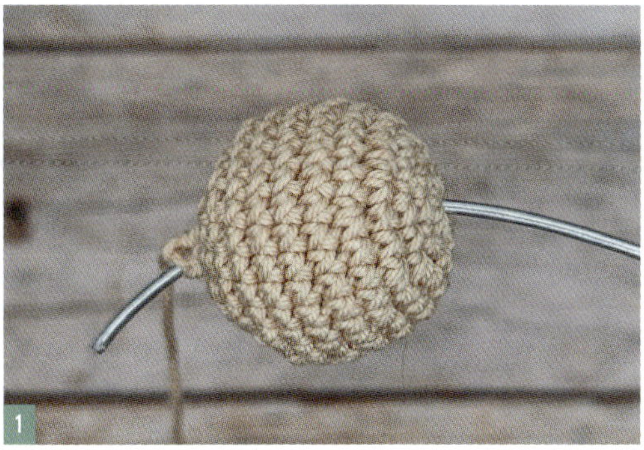

1

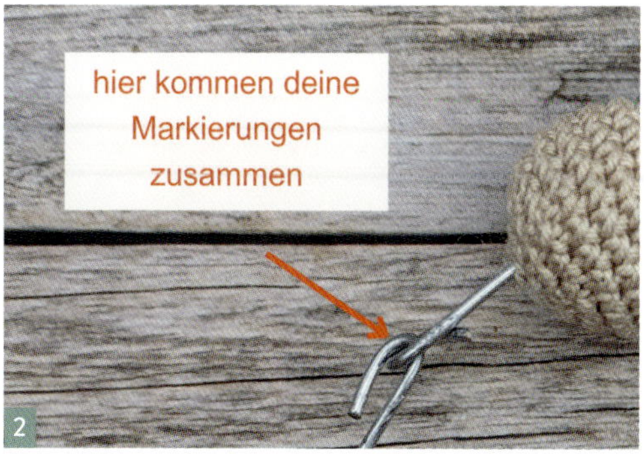

2

3. Jetzt kann der Endfaden jeder Häkelkugel durch alle verbliebenen vorderen M-Glieder gefädelt und verschlossen werden.
4. Markiere dir nun an beiden Drahtenden die Stellen, an der der Draht enden sollte, damit von ihm später nichts mehr zu sehen ist.
5. Danach alle Kugeln und Pompons etwas zusammenschieben, dann lässt es sich leichter arbeiten. Das Drahtende mithilfe der Zange, wie auf dem Foto zu sehen, verschließen. (→ Bild 2)
6. Jetzt musst du nur noch die dicke Holzkugel über den Drahtverschluss schieben und alle Kugeln und Pompons wieder schön arrangieren.
7. Du kannst deinen Kranz direkt so an einen Haken hängen, oder du befestigst ein Band zum Aufhängen. Wenn es dir gefällt, wickle noch eine Lichterkette um deinen Kranz.

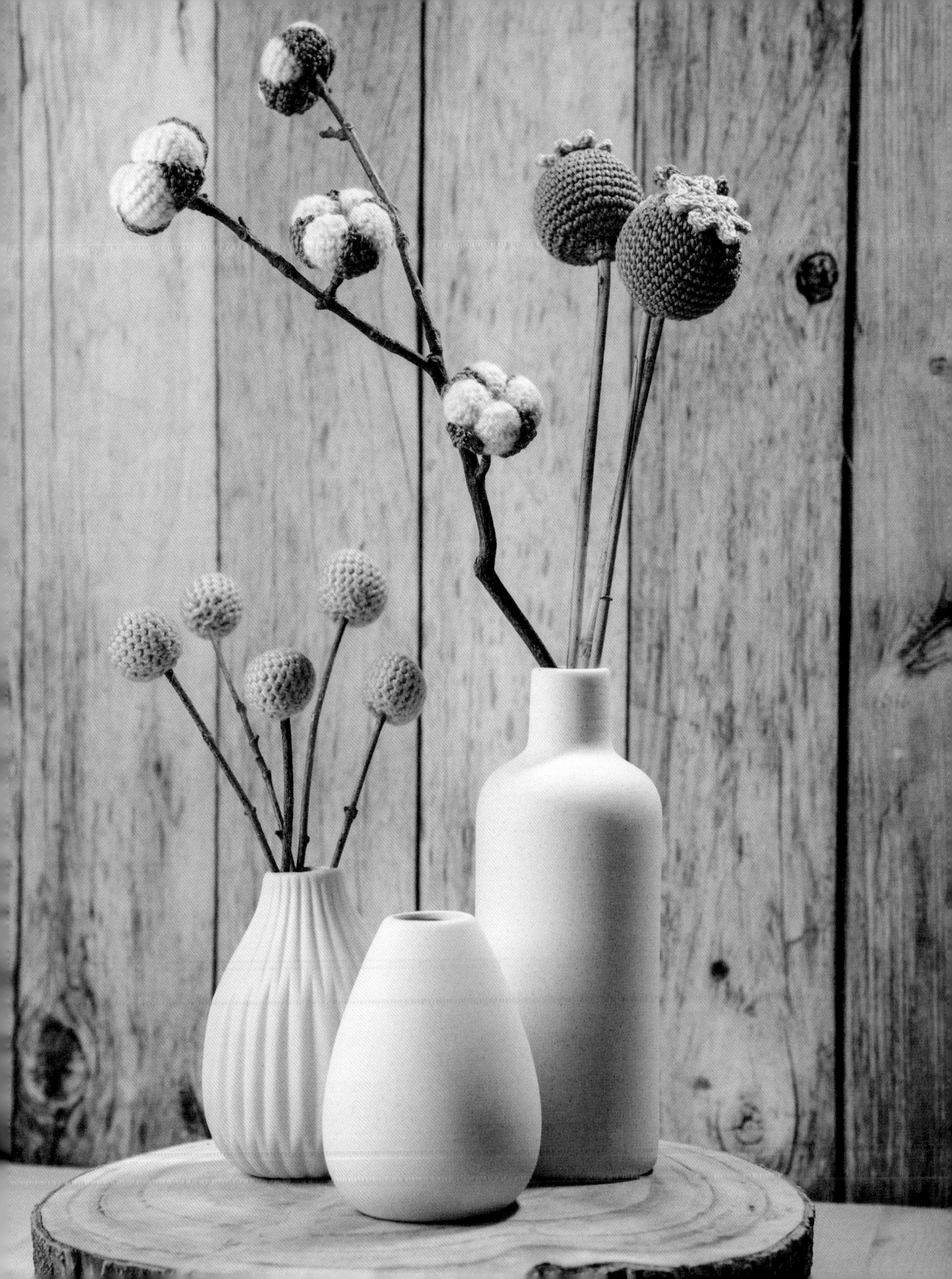

Hyggelige Blumenträume

Flauschiger Baumwollsamen

Größe
Ø ca. 5 cm

Material

- Scheepjes Catona [100 % Baumwolle LL 125 m/50 g] in:
  - Hazelnut (Fb 503) ca. 5 g
- Scheepjes Scrumptious [50 % recyceltes Polyester, 50 % Acryl LL 300 m/100 g] in:
  - Buttercream Icing (Fb 302) ca. 10 g
- Häkelnadel 2,5 mm und 3,0 mm
- Füllwatte
- 1 Ast
- Stopfnadel zum Vernähen

SAMEN (IN BUTTERCREAM ICING)

Mit Häkelnadel 3,0 mm in Spiral-Rd häkeln. Fortlaufend, nicht zu fest, mit Füllwatte ausstopfen.

1. Rd: 6 fM in einen Fadenring.
2. Rd: 6 x 1 fM zun. [12]
3. Rd: *1 fM, 1 fM zun*, von * bis * noch 5 x wdh. [18]
4. Rd: *1 fM, 1 fM zun, 1 fM*, von * bis * noch 5 x wdh. [24]
5.–8. Rd: 24 fM.
9. Rd: *1 fM, 1 fM abn, 1 fM*, von * bis * noch 5 x wdh. [18]
10. Rd: *1fM, 1 fM abn*, von * bis * noch 5 x wdh. [12]
11. Rd: 6 x 1 fM abn. [6]

Faden abschneiden, durch alle verbliebenen vorderen M-Glieder fädeln und festziehen. Führe nun den Faden außen vorbei und stich mit der Nadel durch den oberen Fadenring und komme unten mittig wieder heraus. (→ Bild 1) Faden festziehen, sodass sich eine Kerbe bildet. (→ Bild 2) Dies so oft wiederholen, bis die Kugel

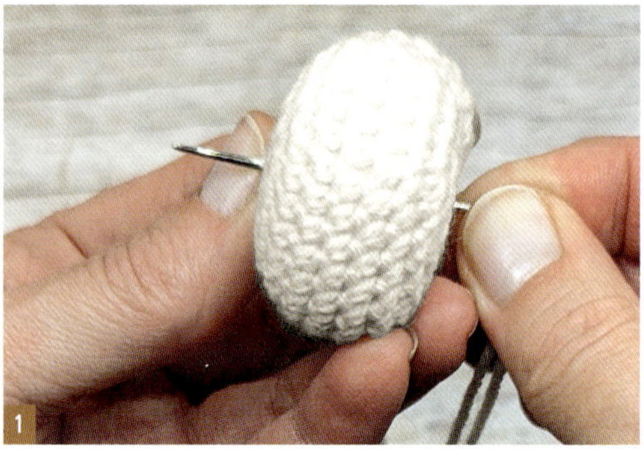
1

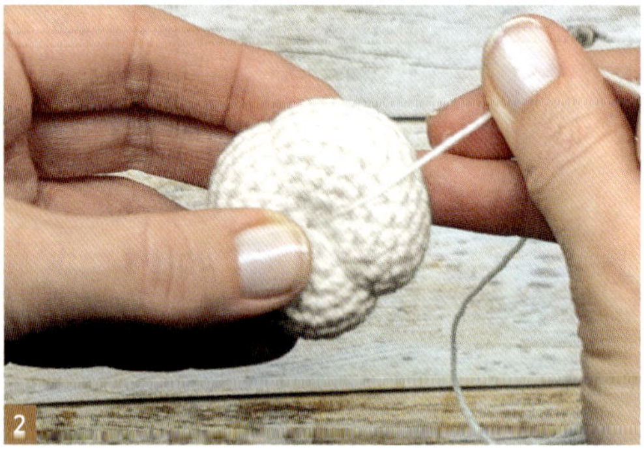
2

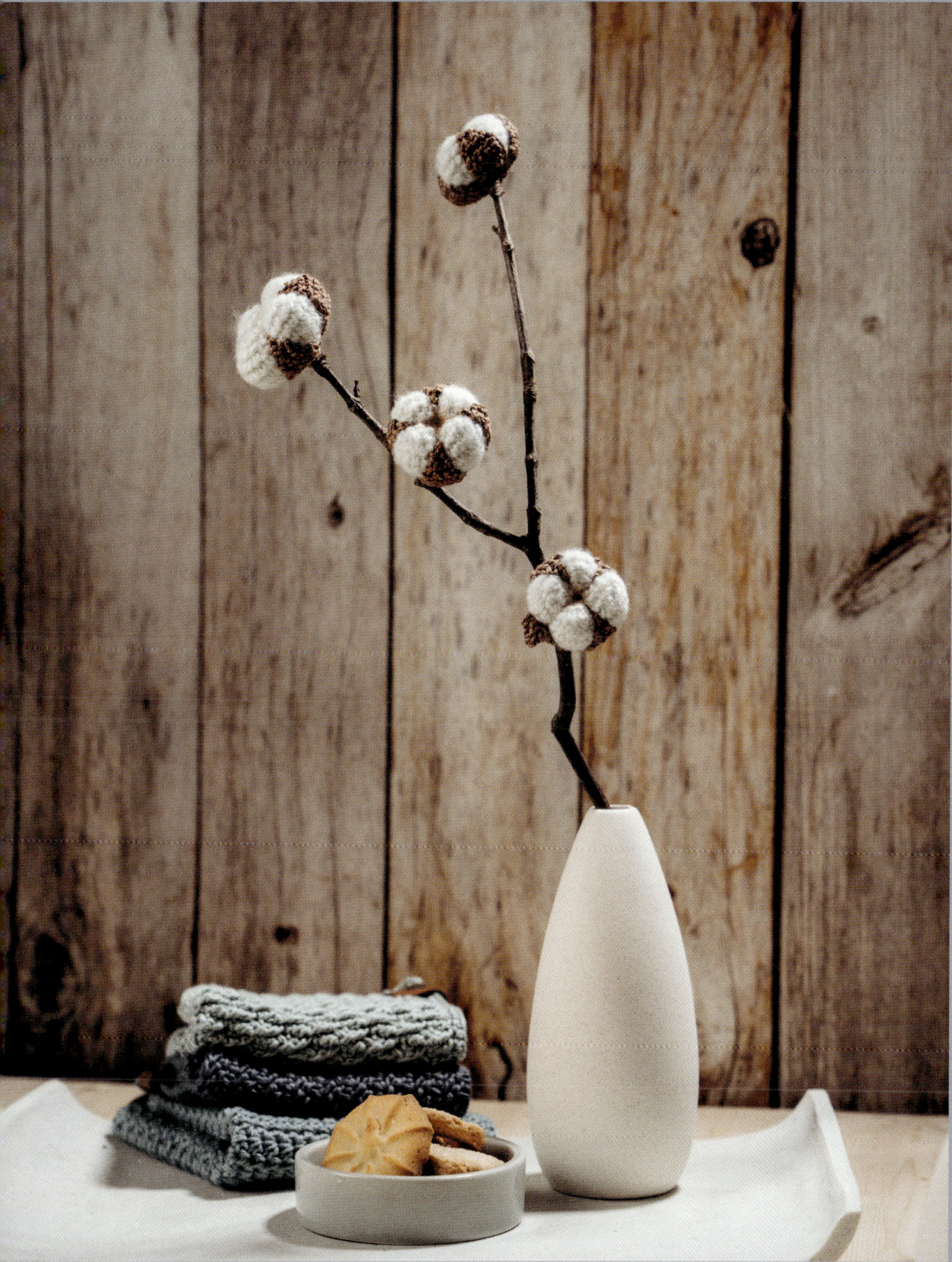

vier Einkerbungen hat. Faden unten mittig verknoten und vernähen. Um einen flauschigeren Effekt zu erzielen, raue die Wolle leicht mit einer Tierhaarbürste oder einer Nagelbürste an.

Um einen Tiefeneffekt zu erzielen, nutze etwas braunen Lidschatten oder Puder und verteile ihn in der Mitte des Samens – am besten funktioniert das mit einem Wattestäbchen.

BLÄTTER (IN HAZELNUT)

Mit Häkelnadel 2,5 mm.

1. Rd: 8 fM in einen Fadenring. Fadenring nur leicht zuziehen.

Faden nicht abschneiden, es geht direkt mit dem ersten Blatt weiter:

Häkle weiter in R. Am Ende jeder R 1 Wende-Lm häkeln. Diese wird nicht als M mitgezählt.

1. R: 2 fM.
2. R: 2 x 1 fM zun. [4]
3. R: 4 fM.
4. R: 1 fM, 1 fM zun, 2 fM. [5]
5. R: 5 fM.
6. R: 1 fM abn, 3 fM. [4]
7. R: 1 fM abn, 2 fM. [3]
8. R: 1 fM abn, 1 fM. [2]
9. R: 1 fM abn, 1 Lm. [1]

Faden lang abschneiden und abketten.
Links neben dem ersten Blatt mit einer stehenden fM (zählt als 1. fM) in die nächste M vom Fadenring neu anketten und die 1.–9. R erneut häkeln. Insgesamt vier Blätter häkeln.

Fertigstellen

Den Baumwollsamen auf die Blätter setzen. Den Endfaden eines Blattes in eine Stopfnadel fädeln. Die Nadel nun von oben, an einer Einkerbung durch den Samen zum Fadenring der Blätter durchstechen. Dabei nicht ganz mittig in den Samen stechen. (→ Bild 3) Faden festziehen. Das Ganze mit dem gegenüberliegenden Blatt wiederholen und 1 M neben dem ersten Faden unten herauskommen. Diese beiden ersten Fäden miteinander verknoten, in die Samenkapsel ziehen und abschneiden. Die beiden anderen Blätter genauso befestigen. Stelle noch weitere Baumwollsamen her und befestige diese an den Zweigen eines kleinen Astes. Dazu den Zweig in den Fadenring stecken und mit etwas Kleber fixieren.

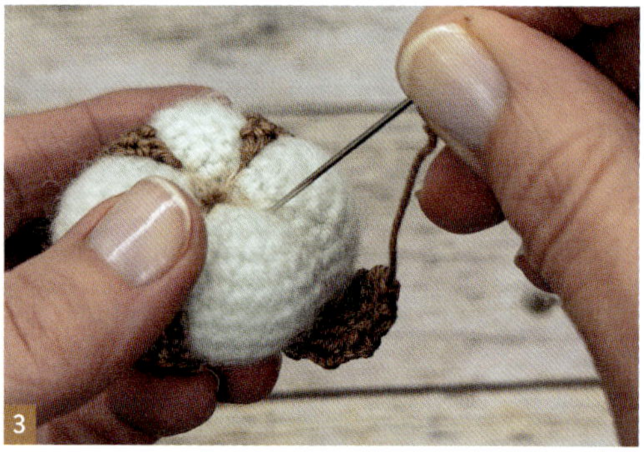
3

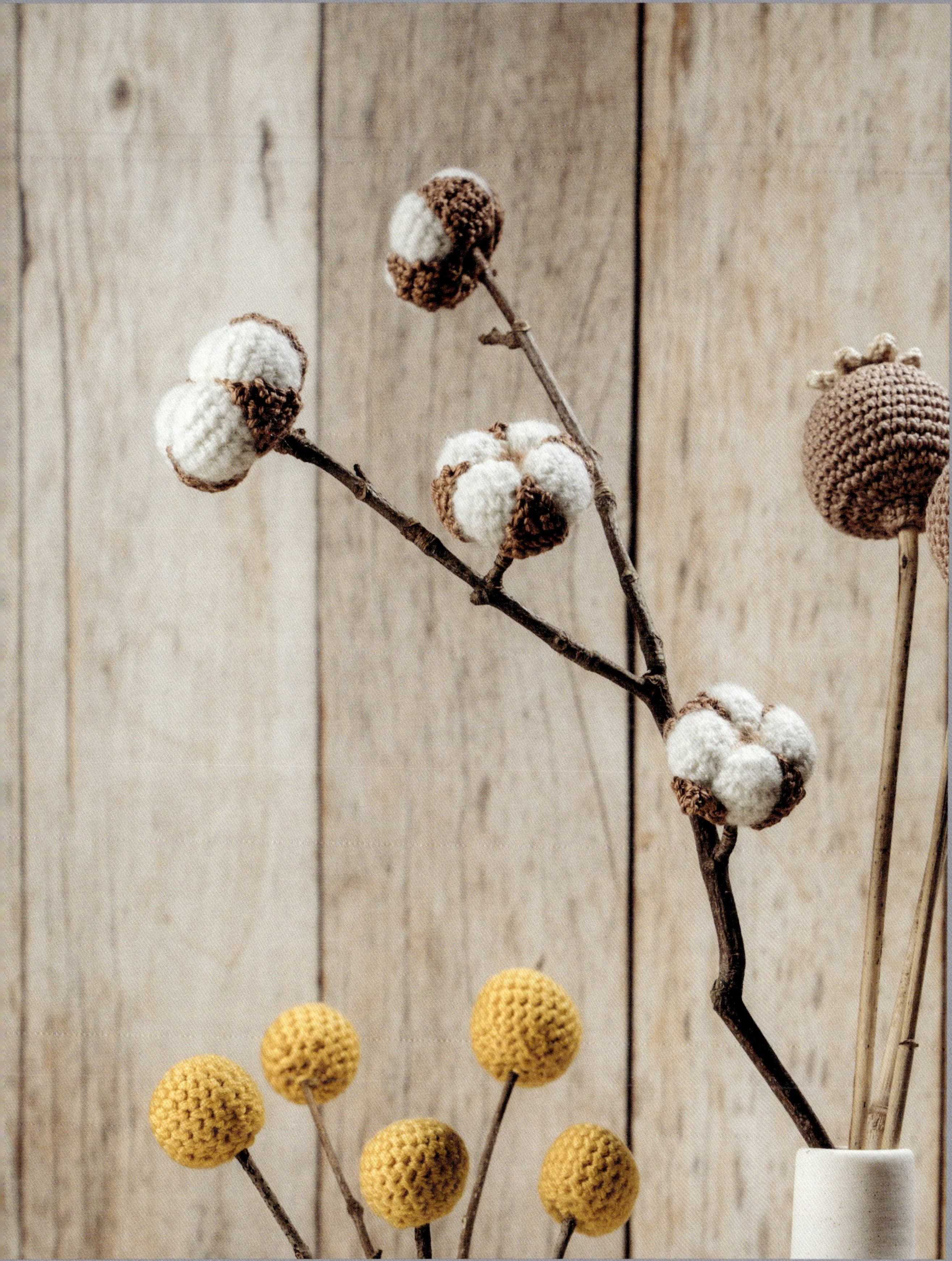

Elegante Mohnkapsel

Größe

ca. 5 cm Ø

Material

- Scheepjes Catona [100 % Baumwolle LL 125 m/50 g] in:
  - Caramel (Fb 506) ca. 10 g
  - English Tea (Fb 404), Rest
- Häkelnadel 2,5 mm
- Füllwatte
- 1 Rundholzstab, Ø 5 mm und 30 cm Länge oder 1 Ast
- Stopfnadel zum Vernähen

KAPSEL (IN CARAMEL)

In Spiral-Rd häkeln. Fortlaufend mit Füllwatte bis Rd 17 ausstopfen.

1. Rd: 7 fM in einen Fadenring.
2. Rd: 7 x 1 fM zun. [14]
3. Rd: *1 fM, 1 fM zun*, von * bis * noch 6 x wdh. [21]
4. Rd: *1 fM, 1 fM zun, 1 fM*, von * bis * noch 6 x wdh. [28]

5.–6. Rd: 28 fM.

7. Rd: *3 fM, 1 fM zun*, von * bis * noch 6 x wdh. [35]

8.–13. Rd: 35 fM.

14. Rd: *5 fM, 1 fM abn*, von * bis * noch 4 x wdh. [30]
15. Rd: *1 fM, 1 fM abn*, von * bis * noch 9 x wdh. [20]
16. Rd: 10 x 1fM abn. [10]
17. Rd: Alles ins vMg: 10 fM.
18. Rd: 10 fM.

Faden abschneiden, abketten und Rd unsichtbar beenden.

DECKE MIT NARBEN (IN ENGLISH TEA)

In Spiral-Rd häkeln. Lm werden nicht als M mitgezählt.

1. Rd: 7 fM in einen Fadenring.
2. Rd: *alles in 1 M: 1 fM, 3 Lm, an der Lm-Kette ab der 2. M von der Nd 2 fM zurückhäkeln, 1 fM*, von * bis * noch 6 x wdh.
3. Rd: Alles mit Km umhäkeln. Auch oben in die Lm 1 Km häkeln. (→ Bild 1)

Faden lang abschneiden und abketten.

Fertigstellung

Die Decke zwischen die 1. und 2. Rd mit dem Endfaden an die Kapsel nähen. Fertige Mohnkapsel auf den Rundholzstab oder den Ast stecken, evtl. mit Kleber fixieren.

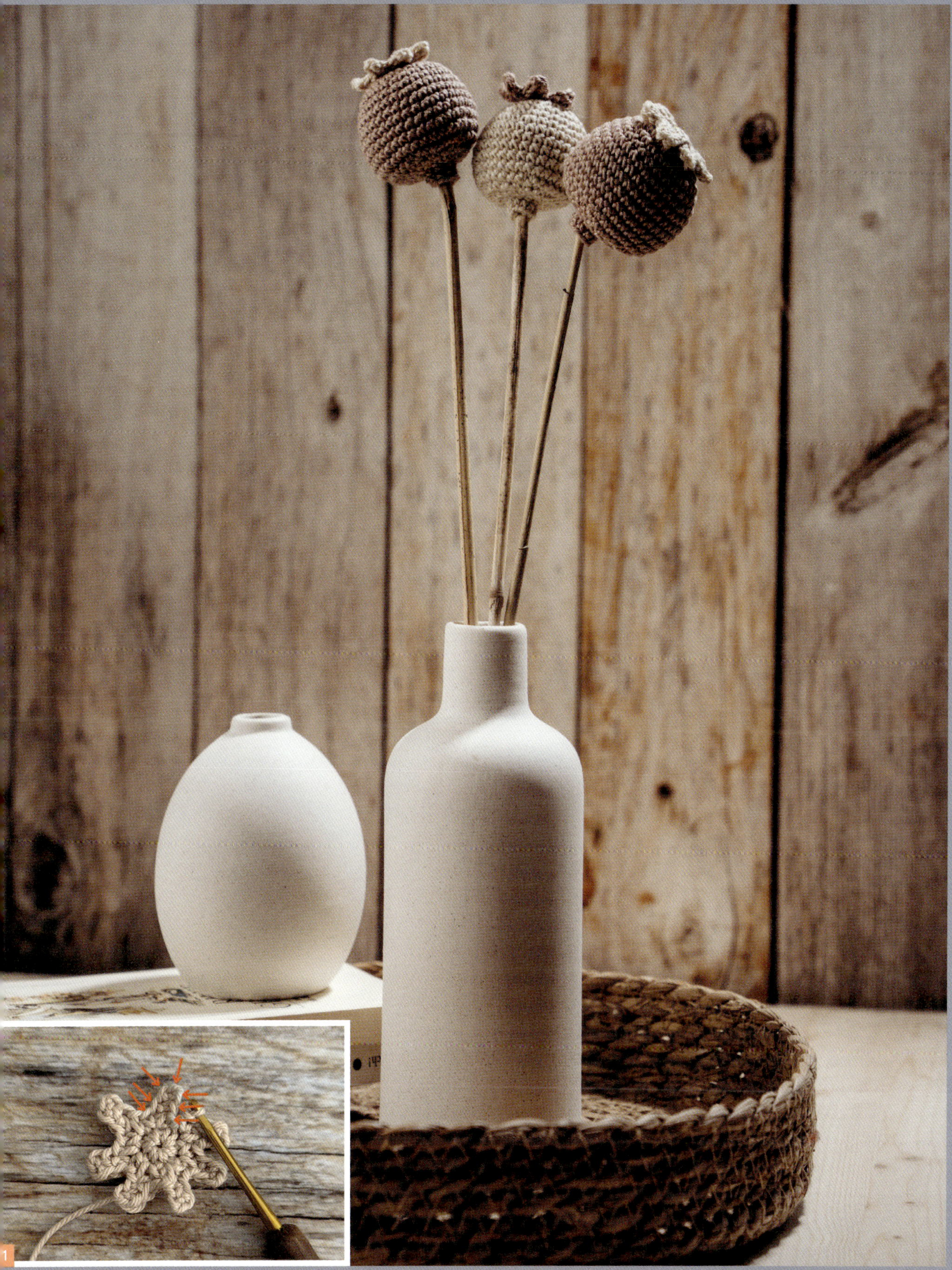

1

Lustiger Trommelschlägel

Größe

Ø ca. 4 cm

Material

- Gründl Happy uni [100 % Polyacryl, LL 250 m/100 g] in:
  - Maisgelb (Fb 21) ca. 25 g
- Häkelnadel 3,0 mm
- Füllwatte
- mehrere dünne Zweige
- Stopfnadel zum Vernähen

SO GEHT`S

Die Köpfe des Trommelschlägels werden in der Technik Inside-out in fM gehäkelt. Das bedeutet, man sticht nicht wie üblich von außen nach innen in die Masche ein, sondern von innen nach außen. (→ Bild 1–2) Somit ist am Ende die »falsche« Seite außen. Dabei gibt es eine Kleinigkeit zu beachten: keine unsichtbaren Abnahmen häkeln, da sonst von außen ein Steg stehen bleiben würde.

TROMMELSCHLÄGEL GROSS (2 X)

In Spiral-Rd häkeln. Fortlaufend mit Füllwatte ausstopfen.

1. Rd: 7 fM in einen Fadenring.

2. Rd: 7 x 1 fM zun. [14]

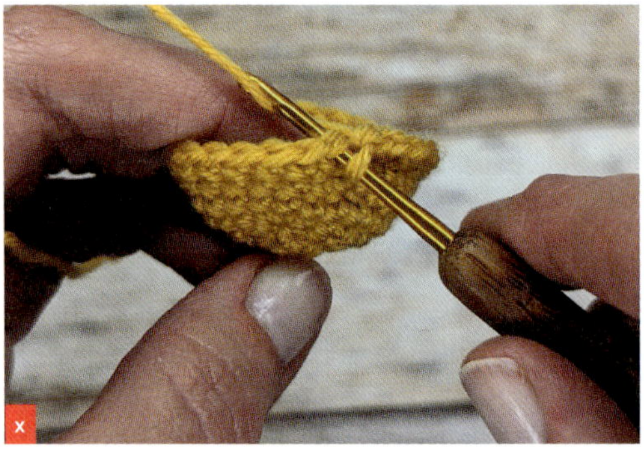

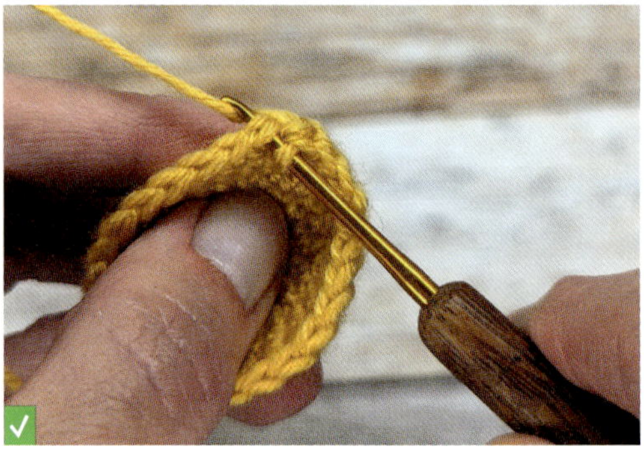

3. Rd: *1 fM, 1 fM zun*, von * bis * noch 6 x wdh. [21]

4.–7. Rd: 21 fM.

8. Rd: *1 fM, 1 fM abn*, von * bis * noch 6 x wdh. [14]

9. Rd: 7 x 1 fM abn. [7]

Faden abschneiden und abketten.

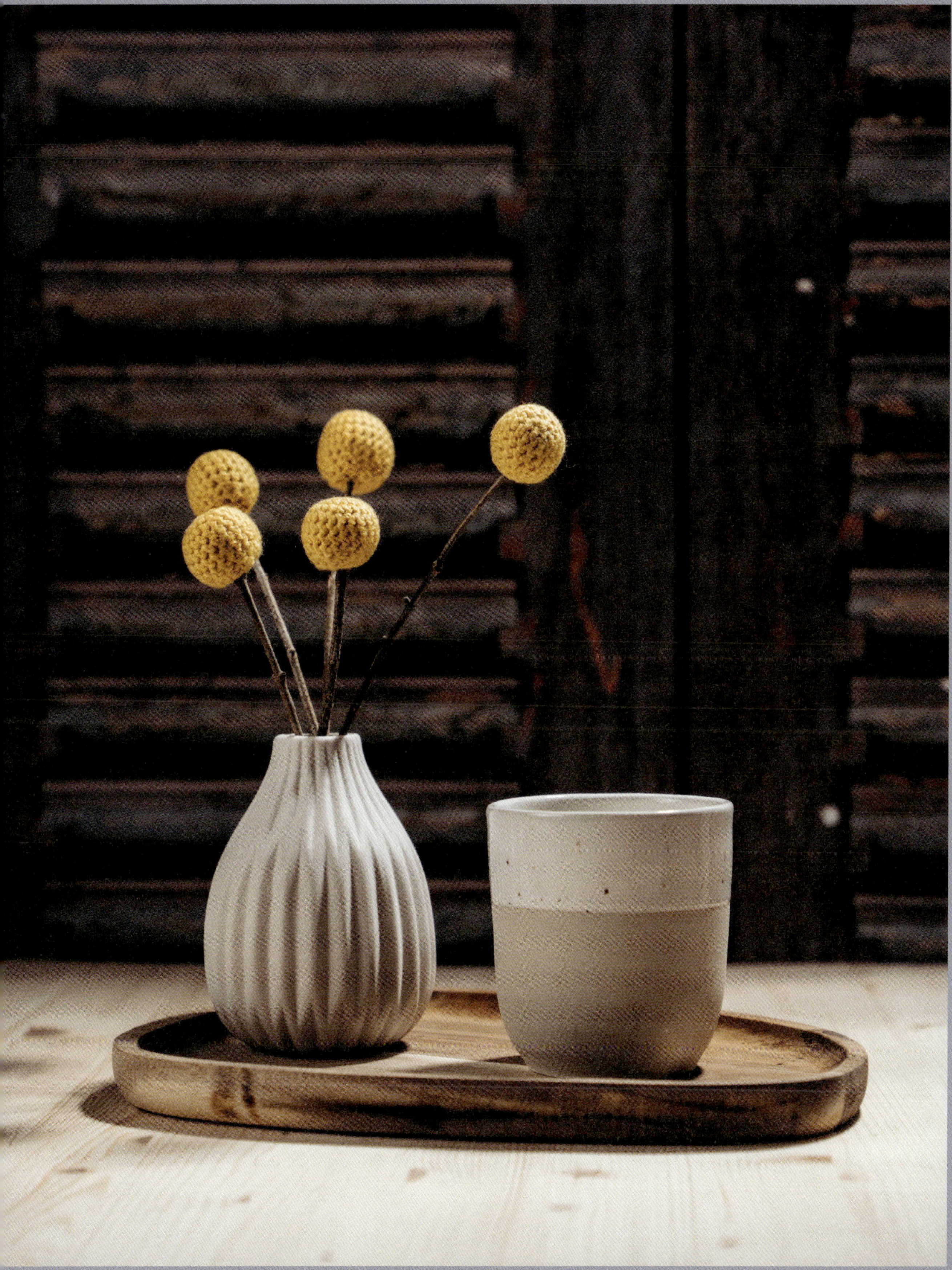

Den Blütenkopf auf den Zweig stecken (evtl. mit etwas Kleber fixieren). Den Faden durch alle vorderen M-Glieder fädeln und um den Zweig fest zuziehen. Faden vernähen.

TROMMELSCHLÄGEL KLEIN (3 X)

In Spiral-Rd häkeln. Fortlaufend mit Füllwatte ausstopfen.

1. Rd: 6 fM in einen Fadenring.
2. Rd: 6 x 1 fM zun. [12]
3. Rd: *1 fM, 1 fM zun*, von * bis * noch 5 x wdh. [18]

4.–7. Rd: 18 fM.

8. Rd: *1 fM, 1 fM abn*, von * bis * noch 6 x wdh. [12]
9. Rd: 6 x 1 fM abn. [6]

Faden abschneiden und abketten. Den Blütenkopf auf den Zweig stecken (evtl. mit etwas Kleber fixieren). Den Faden durch alle vorderen M-Glieder fädeln und um den Zweig festziehen. Faden vernähen.

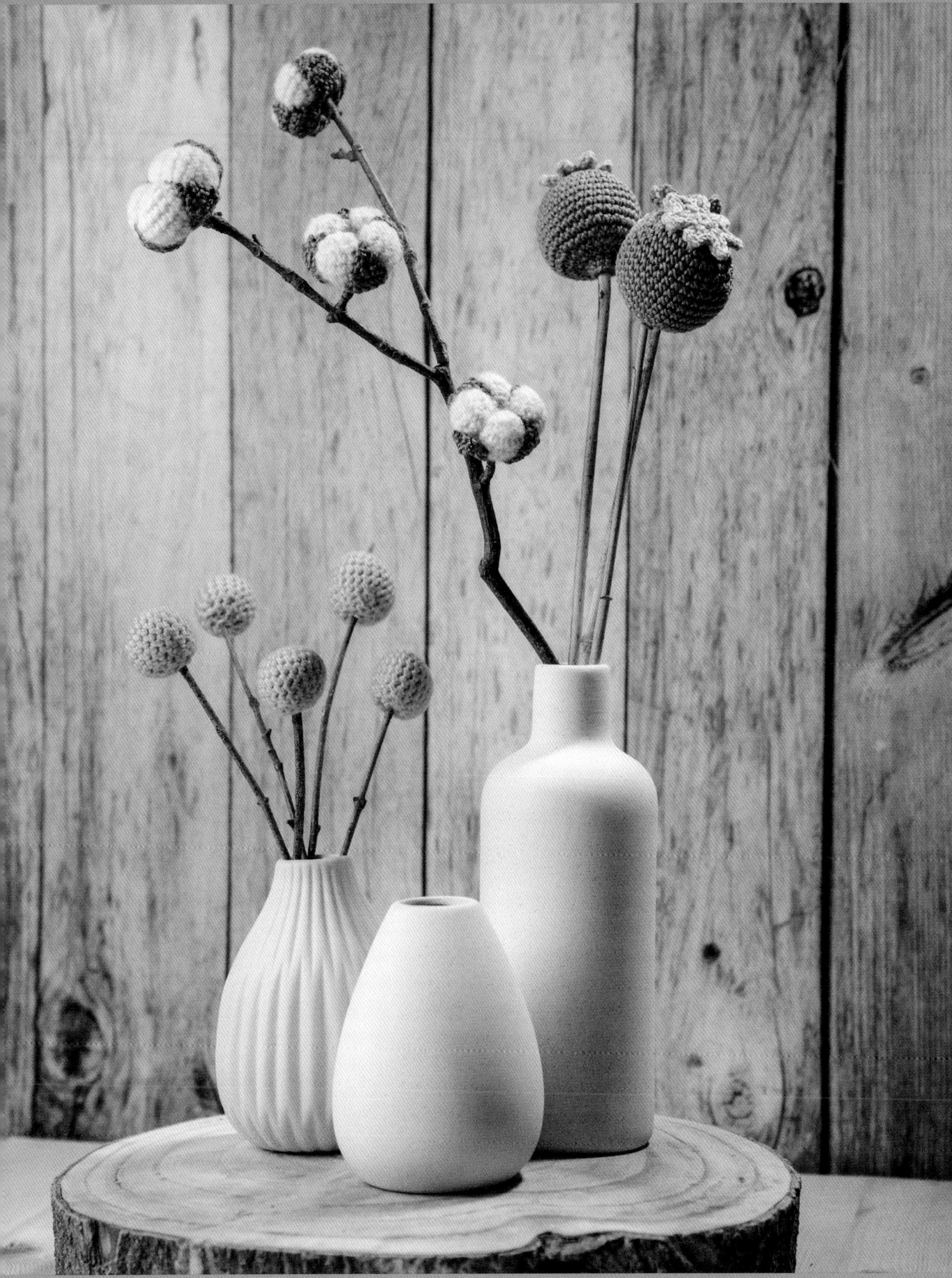

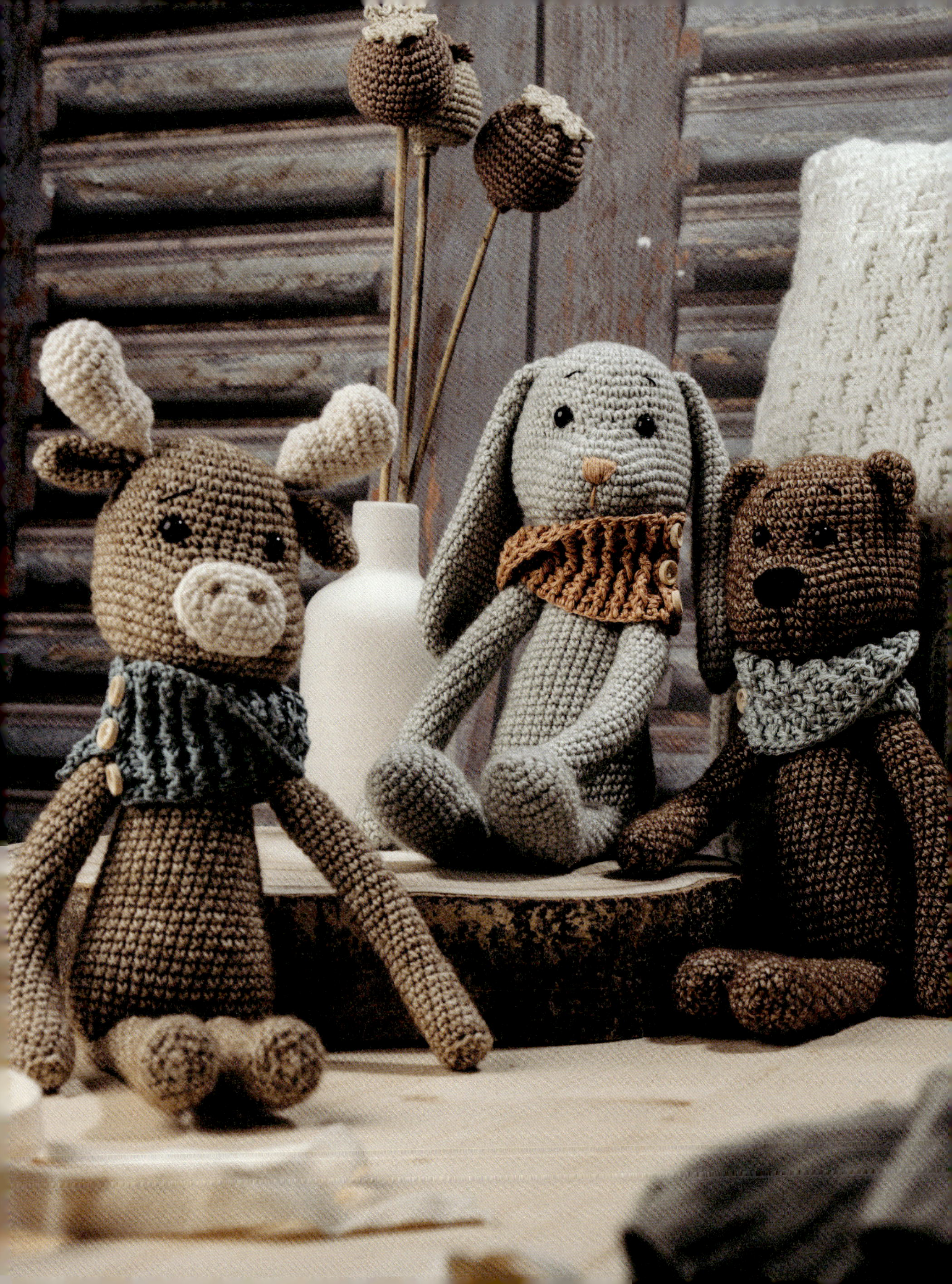

Drolliges Schlenkertrio

Freundlicher Elch Linus

Elch Linus ist immer gut gelaunt und bringt mit seinen teils verrückten Ideen jeden zum Schmunzeln – selbst Ole, wenn sein Honigtopf mal wieder leer ist. Er ist zudem etwas tollpatschig, was oft zu lustigen Situationen führt und seinen langen dünnen Beinen geschuldet ist. Zum Glück kann Linus aber mit seinen Freunden Linn und Ole immer über sich selbst lachen.

Größe
ca. 36 cm

Material

- Scheepjes Stone Washed [78 % Baumwolle, 22 % Acryl LL 130 m/50 g] in:
  - Boulder Opal (Fb 804), ca. 65 g
  - Moon Stone (Fb 801), ca. 10 g
- Scheepjes Catona [100 % Baumwolle LL 125 m/50 g] in:
  - Silver Blue (Fb 528) ca. 15 g
- Häkelnadel 3,0 mm
- 2 Sicherheitsaugen Ø 9 mm
- 3 Holzknöpfe Ø 1 cm
- Füllwatte
- Stecknadeln zum Fixieren
- Stopfnadel zum Vernähen
- Schwarzes Stickgarn

KOPF (IN BOULDER OPAL)

In Spiral-Rd häkeln.

1. Rd: 6 fM in einen Fadenring.
2. Rd: 6 x 1 fM zun. [12]
3. Rd: *1 fM, 1 fM zun*, von * bis * noch 5 x wdh. [18]
4. Rd: *1 fM, 1 fM zun, 1 fM*, von * bis * noch 5 x wdh. [24]
5. Rd: *3 fM, 1 fM zun*, von * bis * noch 5 x wdh. [30]
6. Rd: *2 fM, 1 fM zun, 2 fM*, von * bis * noch 5 x wdh. [36]
7. Rd: *5 fM, 1 fM zun*, von * bis * noch 5 x wdh. [42]

8.–13. Rd: 42 fM.
14. Rd: 18 fM, 3 fM in 1 M, 4 fM, 3 fM in 1 M, 18 fM. [46]
15. Rd: 19 fM, 3 fM in 1 M, 6 fM, 3 fM in 1 M, 19 fM. [50]
16. Rd: 20 fM, 3 fM in 1 M, 8 fM, 3 fM in 1 M, 20 fM. [54]

17.–21. Rd: 54 fM.
22. Rd: *7 fM, 1 fM abn*, von * bis * noch 5 x wdh. [48]

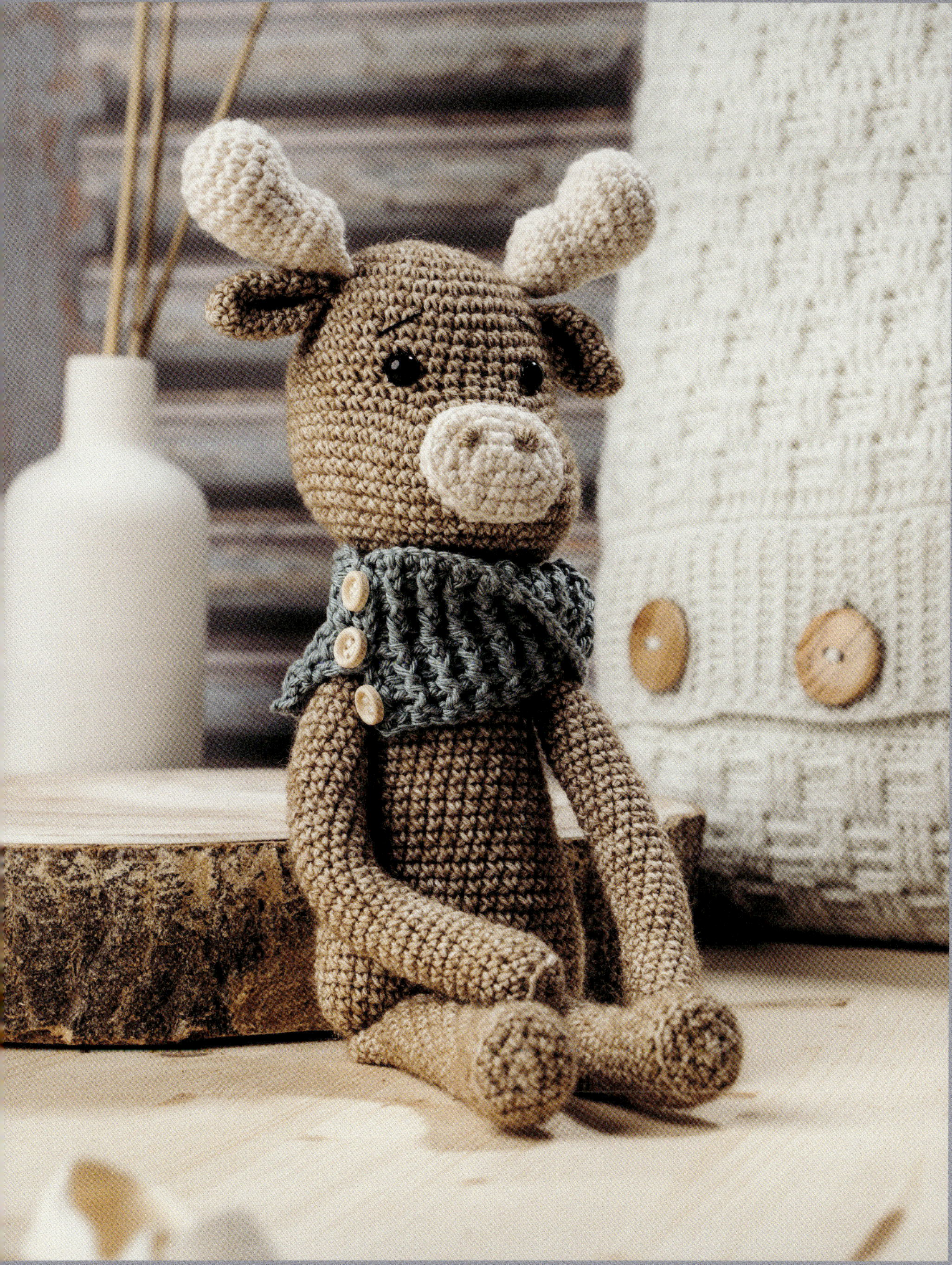

23. Rd: *3 fM, 1 fM abn, 3 fM*, von * bis * noch 5 x wdh. [42]
Sicherheitsaugen zwischen der 12. und 13. Rd anbringen. Diese sitzen jeweils oberhalb der 3er-Zunahmen, 1 M nach außen versetzt, mit einem Abstand von 7 M.
Kopf fortlaufend mit Füllwatte ausstopfen. Dabei das Maul schön ausformen.
24. Rd: *5 fM, 1 fM abn*, von * bis * noch 5 x wdh. [36]
25. Rd: *2 fM, 1 fM abn, 2 fM*, von * bis * noch 5 x wdh. [30]
26. Rd: *3 fM, 1 fM abn*, von * bis * noch 5 x wdh. [24]
27. Rd: *1 fM, 1 M abn, 1 fM*, von * bis * noch 5 x wdh. [18]
28. Rd: 18 fM.
Arbeit beenden. Die Augenbrauen mit schwarzem Stickgarn sticken. Diese beginnen 3 Rd über dem Auge und verlaufen schräg über 2 M seitlich nach außen und 2 Rd nach unten.

MAUL (IN MOON STONE)

In Spiral-Rd häkeln. 5 Lm anschl und in der 2. M von der Nd aus beginnen. Wie folgt um die Lm-Kette herumhäkeln:
1. Rd: 3 fM, 3 fM in 1 M, auf der Rückseite der Lm-Kette weiterhäkeln, 2 fM, 1 fM zun. [10]
2. Rd: 1 fM zun, 2 fM, 3 x 1 fM zun, 2 fM, 2 x 1 fM zun. [16]
3. Rd: 1 fM, 1 fM zun, 2 fM, *1 fM, 1 fM zun*, von * bis * noch 2 x wdh, 2 fM, *1 fM, 1 fM zun*, von * bis * noch 1 x wdh. [22]
4. Rd: 22 fM.
Faden lang abschneiden, abketten und Rd unsichtbar beenden. Das Maul zuerst mit Stecknadeln am Kopf fixieren. Es liegt mittig zwischen den 3er-Zunahmen der 16. Rd und reicht bis zur 21. Rd. Wenn alles gut sitzt, mit dem Faden an den Kopf nähen. Die Nasenlöcher mit einem Restfaden in Boulder Opal aufsticken.

OHR 2 X (IN BOULDER OPAL)

In Spiral-Rd häkeln.
1. Rd: 6 fM in einen Fadenring.
2. Rd: *1 fM, 1 fM zun*, von * bis * noch 2 x wdh. [9]
3. Rd: 9 fM.
4. Rd: *1 fM, 1 fM zun, 1 fM*, von * bis * noch 2 x wdh. [12]
5. Rd: 12 fM.
6. Rd: *3 fM, 1 fM zun*, von * bis * noch 2 x wdh. [15]
7.–8. Rd: 15 fM.
Öffnung zusammendrücken, mit der Nd durch beide gegenüberliegenden M stechen und diese mit 7 fM zusammenhäkeln. Nun das Ohr nochmals mittig an der zuletzt gehäkelten R falten (→ Bild 1) und mit 3 fM zusammenhäkeln. Faden lang abschneiden und abketten. Die Ohren zuerst mit Stecknadeln am Kopf fixieren. Sie sitzen zwischen der 7. und 8. Rd, mit einem Abstand von ca. 5 M zum Auge. Wenn alles gut sitzt, mit dem Endfaden an den Kopf nähen.

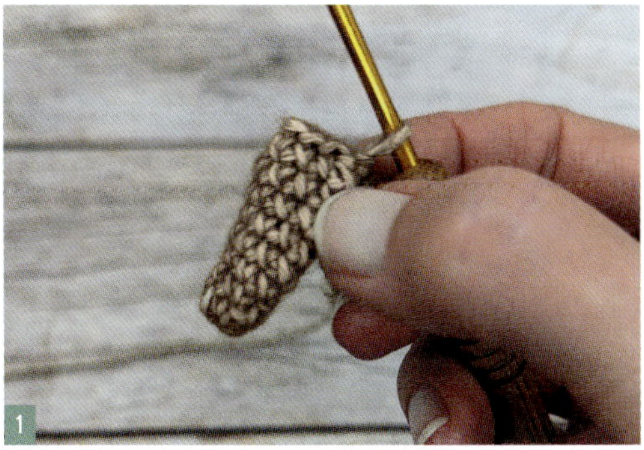
1

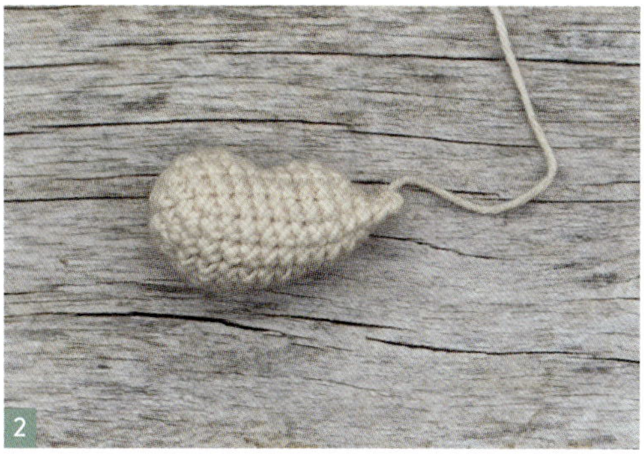
2

GEWEIH 2 X (IN MOON STONE)

In Spiral-Rd häkeln. Fortlaufend mit Füllwatte stopfen.

1. Rd: 6 fM in einen Fadenring.
2. Rd: 6 x 1 fM zun. [12]
3. Rd: *1 fM, 1 fM zun*, von * bis * noch 5 x wdh. [18]

4.–6. Rd: 18 fM.

7. Rd: 5 fM, 4 x 1 fM abn, 5 fM. [14]
8. Rd: 5 fM, 2 x 1 fM abn, 5 fM. [12]
9. Rd: 5 fM, 2 x 1 fM zun, 5 fM. [14]

10.–11. Rd: 14 fM.

12. Rd: 3 fM, 4 x 1 fM abn, 3 fM. [10]
13. Rd: 3 fM, 2 x 1 fM abn, 3 fM. [8]

Öffnung so zusammendrücken, dass die lange Seite parallel zu den Höckern des Geweihs verläuft. (→ Bild 2) Ggf. noch weitere M bis zur Ecke häkeln. Dann mit der Nd durch beide gegenüberliegenden M stechen und diese so mit 3–4 fM zusammenhäkeln. Faden lang abschneiden und abketten. Das Geweih mit dem Endfaden direkt eine Rd oberhalb des Ohres annähen.

ARM 2 X (IN BOULDER OPAL)

In Spiral-Rd häkeln. Arm fortlaufend bis ca. Rd 30 mit Füllwatte ausstopfen.

1. Rd: 6 fM in einen Fadenring.
2. Rd: 6 x 1 fM zun. [12]
3. Rd: 12 fM ihM.

4.–34. Rd: 12 fM.

35. Rd: *2 fM, 1 fM abn*, von * bis * noch 2 x wdh. [9]

36.–38. Rd: 9 fM

Öffnung zusammendrücken, mit der Nd durch beide gegenüberliegenden M stechen und diese so mit 4 fM zusammenhäkeln. Faden lang abschneiden und abketten.

BEIN 2 X (IN BOULDER OPAL)

In Spiral-Rd häkeln. Bein fortlaufend bis ca. Rd 30 mit Füllwatte ausstopfen.

1. Rd: 5 fM in einen Fadenring.
2. Rd: 5 x 1 M zun. [10]
3. Rd: *1 fM, 1 M zun*, von * bis * noch 4 x wdh. [15]
4. Rd: 15 fM ihM.

5.–8. Rd: 15 fM.

9. Rd: *3 fM, 1 fM abn*, von * bis * noch 2 x wdh. [12]

10.–35. Rd: 12 fM.
Öffnung zusammendrücken, mit der Nd durch beide gegenüberliegenden M stechen und diese mit 5 fM zusammenhäkeln. Arbeit beenden.

KÖRPER (IN BOULDER OPAL)

In Spiral-Rd häkeln. Die Beine werden direkt eingehäkelt (siehe dazu auch Hinweis bei Hase Linn auf S. 83). Körper fortlaufend mit Füllwatte ausstopfen.
18 Lm anschl., in der 2. Lm von der Nd aus beginnen und wie folgt um die Lm-Kette herumhäkeln:
1. Rd: 16 fM, 3 fM in 1 M häkeln. Nun werden auf der Rückseite der Lm-Kette die Beine mit eingehäkelt. Stich dabei zuerst durch die M des Beins und dann in die M der Lm-Kette. Achte darauf, dass die Vorderseite des Beins von dir weg zeigt. 5 fM mit Bein, 5 fM, 5 fM mit Bein, 1 fM zun. [36]
2. Rd: 21 fM, 1 fM zun, 2 fM, 1 fM zun, 1 fM, 1 fM zun, 1 fM, 1 fM zun, 2 fM, 1 fM zun, 4 fM. [41]
3.–6. Rd: 41 fM.
Ab hier wird nun in jeder Rd 1 fM abgenommen. Diese sollte immer seitlich liegen. Da sich der Rd-Anfang durch die Abnahmen etwas verschiebt, solltest du diesen ca. alle 4 Rd anpassen. Dazu dann einfach so viele fM am Ende einer Rd weiterhäkeln, bis der Rd-Anfang wieder seitlich liegt.
7. Rd: 39 fM, 1 fM abn. [40]
8. Rd: 19 fM, 1 fM abn, 19 fM. [39]
9. Rd: 37 fM, 1 fM abn. [38]
10. Rd: 18 fM, 1 fM abn, 18 fM. [37]
11. Rd: 35 fM, 1 fM abn. [36]
12. Rd: 17 fM, 1 fM abn, 17 fM. [35]
13. Rd: 33 fM, 1 fM abn. [34]
14. Rd: 16 fM, 1 fM abn, 16 fM. [33]
15. Rd: 31 fM, 1 fM abn. [32]
16. Rd: 15 fM, 1 fM abn, 15 fM. [31]
17. Rd: 29 fM, 1 fM abn. [30]
18. Rd: 14 fM, 1 fM abn, 14 fM. [29]
19. Rd: 27 fM, 1 fM abn. [28]
20. Rd: 13 fM, 1 fM abn, 13 fM. [27]
21. Rd: 25 fM, 1 fM abn. [26]
22. Rd: 12 fM, 1 fM abn, 12 fM. [25]
23. Rd: 23 fM, 1 fM abn. [24]
24. Rd: 11 fM, 1 fM abn, 11 fM. [23]
25. Rd: 21 fM, 1 fM abn. [22]
26. Rd: 10 fM, 1 fM abn, 10 fM. [21]
27. Rd: 19 fM, 1 fM abn. [20]
28. Rd: 9 fM, 1 fM abn, 9 fM. [19]
29. Rd: 17 fM, 1 fM abn. [18]
30. Rd: 18 fM.
Faden lang abschneiden und abketten. Mit dem Endfaden den Kopf an den Körper nähen. Danach die Arme seitlich, 2 Rd unterhalb des Kopfes, an den Körper nähen.

SCHWANZ (IN BOULDER OPAL)

In Spiral-Rd häkeln.
1. Rd: 6 fM in einen Fadenring.
2. Rd: 6 x 1 fM zun. [12]
3. Rd: 12 fM.
4. Rd: *2 fM, 1 fM abn*, von * bis * noch 2 x wdh. [9]
Öffnung zusammendrücken, mit der Nd

durch beide gegenüberliegenden M stechen und diese mit 4 fM zusammenhäkeln. Faden lang abschneiden und abketten. Mit dem Endfaden den Schwanz mittig zwischen der 4. und 5. Rd an den Körper nähen.

SCHALKRAGEN (IN SILVER BLUE)

Siehe Seite 84, dort findest du die Anleitung zum Schalkragen. Häkle diesen in Silver Blue.

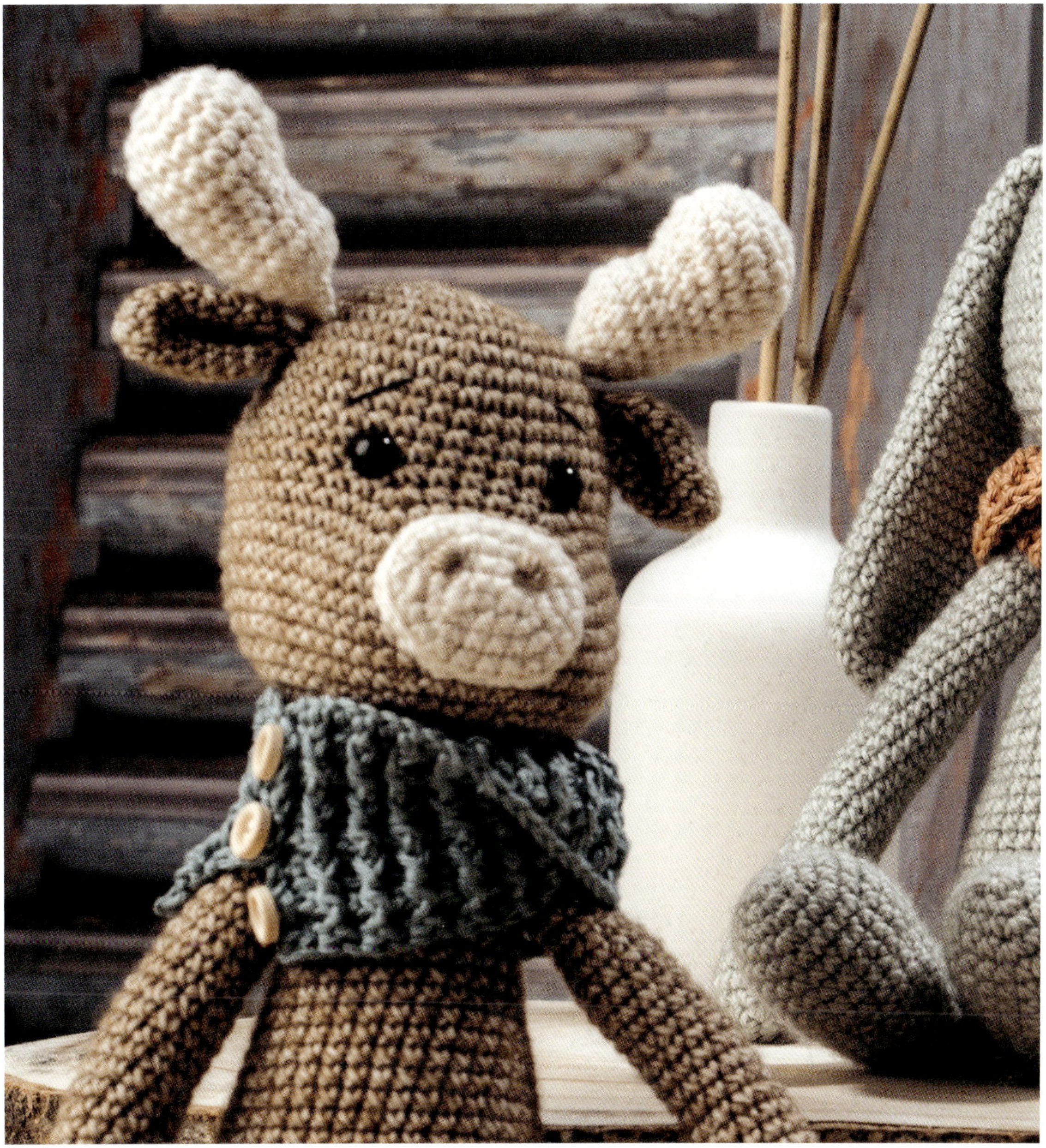

Liebenswerter Hase Linn

Linn ist ein neugieriger kleiner Hase und steckt am liebsten überall ihr vorwitziges Näschen rein. Diese Eigenschaft bringt sie manchmal in unangenehme Situationen. Dann legt Linn ihren Kopf leicht schief, schaut ihr Gegenüber mit großen Kulleraugen an, und wirklich niemand kann ihr lange böse sein. Auf die beiden Freunde Ole und Linus kann Hase Linn sich immer verlassen.

Größe

ca. 30 cm

Material

- Scheepjes Stone Washed [78 % Baumwolle, 22 % Acryl LL 130 m/50 g] in:
  - Crystal Quartz (Fb 814), ca. 80 g
  - Moon Stone (Fb 801), Rest
- Scheepjes Catona [100 % Baumwolle LL 125 m/50 g] in:
  - Camel (Fb 502) ca. 15 g
- 2 Sicherheitsaugen ∅ 9 mm
- 3 Holzknöpfe ∅ 1 cm
- Häkelnadel 3,0 mm
- Stickgarn in Schwarz
- Füllwatte
- Stopfnadel zum Vernähen

KOPF (IN CRYSTAL QUARTZ)

In Spiral-Rd häkeln.

1. Rd: 6 fM in einen Fadenring.

2. Rd: 6 x 1 fM zun. [12]

3. Rd: *1 fM, 1 fM zun*, von * bis * noch 5 x wdh. [18]

4. Rd: *1 fM, 1 fM zun, 1 fM*, von * bis * noch 5 x wdh. [24]

5. Rd: *3 fM, 1 fM zun*, von * bis * noch 5 x wdh. [30]

6. Rd: *2 fM, 1 fM zun, 2 fM*, von * bis * noch 5 x wdh. [36]

7. Rd: *5 fM, 1 fM zun*, von * bis * noch 5 x wdh. [42]

8.–12. Rd: 42 fM.

13. Rd: 20 fM, 2x 3 fM in 1 M, 20 fM. [46]

14. Rd: 21 fM, 3 fM in 1 M, 2 fM, 3 fM in 1 M, 21 fM. [50]

15. Rd: 22 fM, 3 fM in 1 M, 4 fM, 3 fM in 1 M, 22 fM. [54]

16.–18. Rd: 54 fM.

19. Rd: *7 fM, 1 fM abn*, von * bis * noch 5 x wdh. [48]

20. Rd: *3 fM, 1 fM abn, 3 fM*, von * bis * noch 5 x wdh. [42]

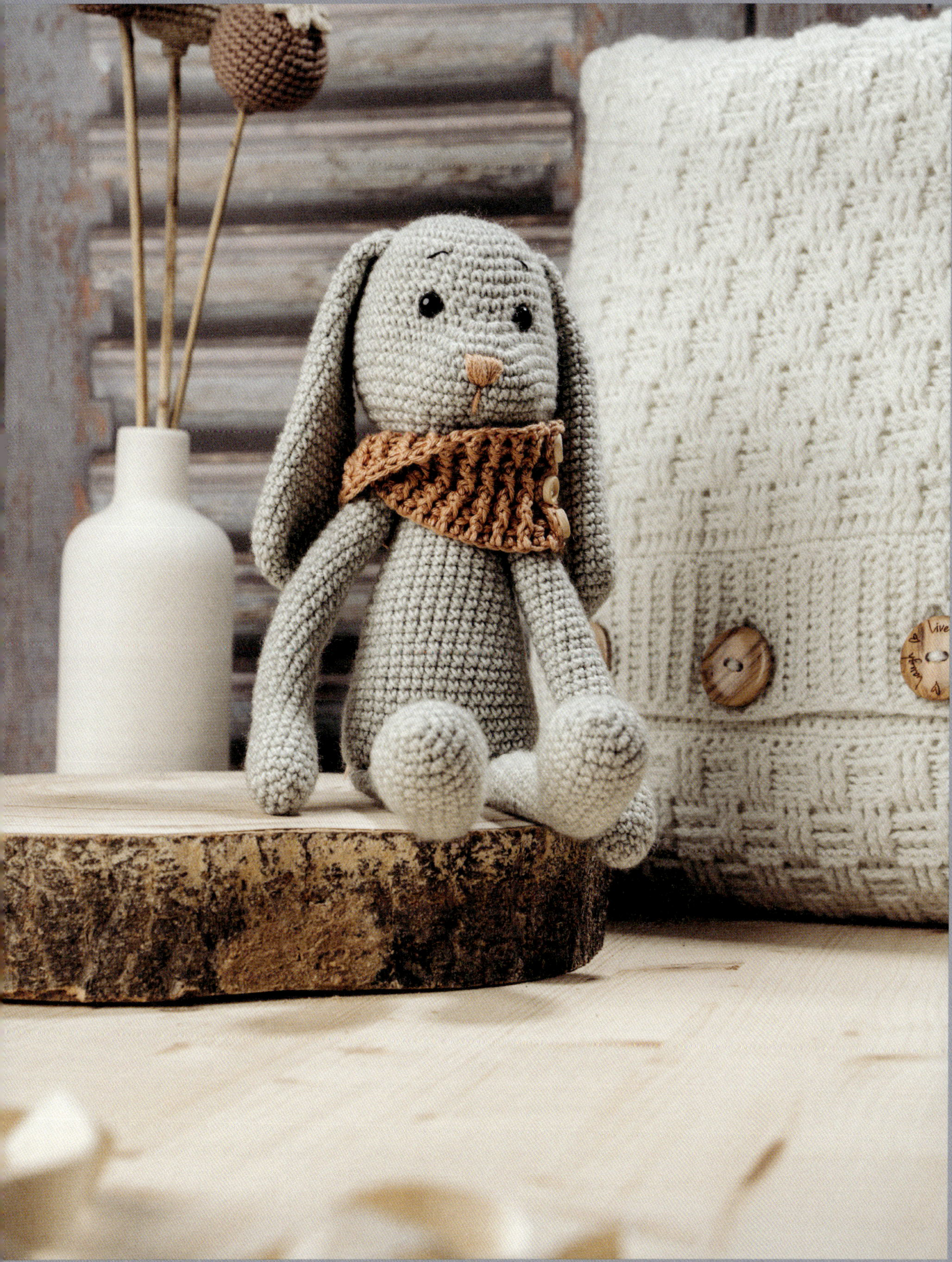

Sicherheitsaugen zwischen der 12. und 13. Rd anbringen. Diese sitzen jeweils oberhalb der 3er-Zunahmen, 3 M nach außen versetzt, mit einem Abstand von 7 M.
Näschen mit einem langen Faden Camel aufsticken. Sie beginnt zwischen der 15. und 16. Rd über die gesamte Breite der M zwischen den 3er-Zunahmen und endet spitz zulaufend zwischen der 17. und 18. Rd. Du kannst den Faden unten an der Spitze des Näschens außen hängen lassen, für den späteren Spannstich nach unten.
Kopf fortlaufend mit Füllwatte ausstopfen. Dabei die Schnauze schön ausformen.
21. Rd: *5 fM, 1 fM abn*, von * bis * noch 5 x wdh. [36]
22. Rd: 36 fM.
23. Rd: *2 fM, 1 fM abn, 2 fM*, von * bis * noch 5 x wdh. [30]
24. Rd: *3 fM, 1 fM abn*, von * bis * noch 5 x wdh. [24]
25. Rd: *1 fM, 1 fM abn, 1 fM*, von * bis * noch 5 x wdh. [18]
26. Rd: 18 fM.
Arbeit beenden. Sticke mit einem Spannstich einen senkrechten Strich unter das Näschen. Dieser verläuft über 3 Rd. Zum Schluss noch mit einem Faden Stickgarn die Augenbrauen sticken. Diese beginnen 4 Rd über dem Auge und verlaufen schräg über 2 M seitlich nach außen und eine Rd nach unten.

OHR 2 X (IN CRYSTAL QUARTZ)

In Spiral-Rd häkeln
1. Rd: 6 fM in einen Fadenring.
2. Rd: 6 x 1 fM zun. [12]
3. Rd: *1 fM, 1 fM zun*, von * bis * noch 5 x wdh. [18]
4. Rd: *1 fM, 1 fM zun, 1 fM*, von * bis * noch 5 x wdh. [24]
5.–6. Rd: 24 fM.
7. Rd: 1 fM abn, 22 fM. [23]
8.–9. Rd: 23 fM.
10. Rd: 1 fM abn, 21 fM. [22]
11.–12. Rd: 22 fM.
13. Rd: 1 fM abn, 20 fM. [21]
14.–15. Rd: 21 fM.
16. Rd: 1 fM abn, 19 fM. [20]
17.–18. Rd: 20 fM.
19. Rd: 1 fM abn, 18 fM. [19]
20.–21. Rd: 19 fM.
22. Rd: 1 fM abn, 17 fM. [18]
23. Rd: 18 fM.
24. Rd: 8 fM, 1 fM abn, 8 fM. [17]
25. Rd: 17 fM.
26. Rd: 1 fM abn, 15 fM. [16]
27. Rd: 16 fM.
28. Rd: 7 fM, 1 fM abn, 7 fM. [15]
29. Rd: 15 fM.
30. Rd: 1 fM abn, 13 fM. [14]
31. Rd: 14 fM.
32. Rd: 6 fM, 1 fM abn, 6 fM. [13]
33. Rd: 13 fM.
34. Rd: 1 fM abn, 11 fM. [12]
35. Rd: 12 fM.
Öffnung zusammendrücken, mit der Nd durch beide gegenüberliegenden M stechen und diese mit 5 fM zusammenhäkeln. Faden lang abschneiden und abketten.
Die Ohren zuerst mit Stecknadeln am Kopf

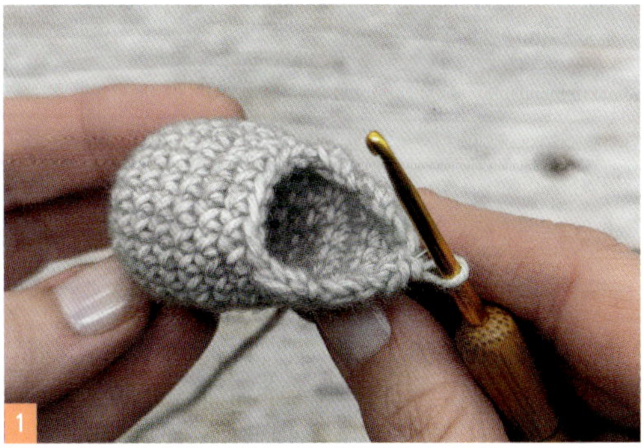

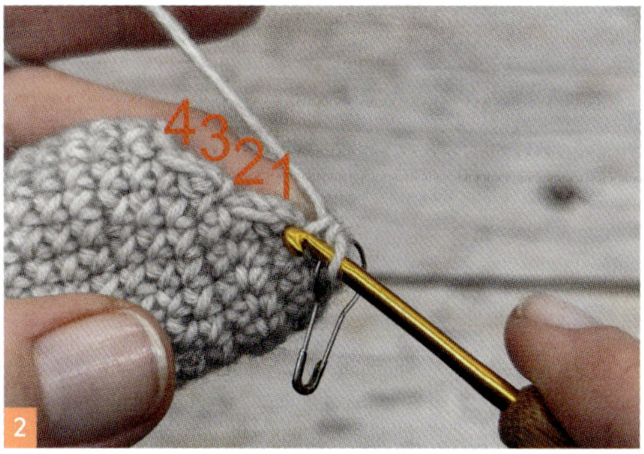

fixieren. Sie sitzen zwischen Rd 6 und 7, mit einem Abstand von ca. 5 M zum Auge. Wenn alles gut sitzt, mit dem Endfaden an den Kopf nähen.

ARM 2 X (IN CRYSTAL QUARTZ)

In Spiral-Rd häkeln. Arm fortlaufend bis ca. 32. Rd mit Füllwatte ausstopfen.

1. Rd: 5 fM in einen Fadenring.
2. Rd: 5 x 1 fM zun. [10]
3. Rd: *1 fM, 1 fM zun*, von * bis * noch 4 x wdh. [15]
4.–8. Rd: 15 fM.
9. Rd: *3 fM, 1 fM abn*, von * bis * noch 2 x wdh. [12]
10.–34. Rd: 12 fM
35. Rd: *2 fM, 1 fM abn*, von * bis * noch 2 x wdh. [9]
36.–38. Rd: 9 fM.

Öffnung zusammendrücken und mit 4 fM zusammenhäkeln. Faden lang abschneiden und abketten.

BEIN 2 X (IN CRYSTAL QUARTZ)

In Spiral-Rd häkeln. Bein fortlaufend bis ca. 28. Rd mit Füllwatte ausstopfen.

1. Rd: 6 fM in einen Fadenring.
2. Rd: 6 x 1 M zun. [12]
3. Rd: *1 fM, 1 fM zun*, von * bis * noch 5 x wdh. [18]
4. Rd: *1 fM, 1 fM zun, 1 fM*, von * bis * noch 5 x wdh. [24]
5.–8. Rd: 24 fM.
9. Rd: *3 fM, 1 fM abn, 3 fM*, von * bis * noch 2 x wdh. [21]
10. Rd: *5 fM, 1 fM abn*, von * bis * noch 2 x wdh. [18]
11. Rd: 12 fM, 1 Lm, wenden. Die restlichen M werden später behäkelt. [12]

Ab hier in R häkeln. Am Ende jeder R 1 Wende-Lm häkeln.

12. R: 2 M überspringen, 10 fM. [10]
13. R: 2 M überspringen, 8 fM. [8]
14. R: 2 M überspringen, 6 fM. [6]
15. R: 2 M überspringen, 1 fM, 1 fM abn, 1 fM. [3] (→ Bild 1)

Ab hier wieder in Rd häkeln. Die erste M der 16. Rd ist der neue Rd-Anfang.

16. Rd: 4 fM über das seitliche Ende der R häkeln (→ Bild 2), jetzt weiter in die nicht behäkelten M von Rd 11 wie folgt häkeln: 2 fM, 1 fM abn, 2 fM, 4 fM über das andere seitliche Ende der R, 3 fM am oberen Rand in die M der 15. R. [16]

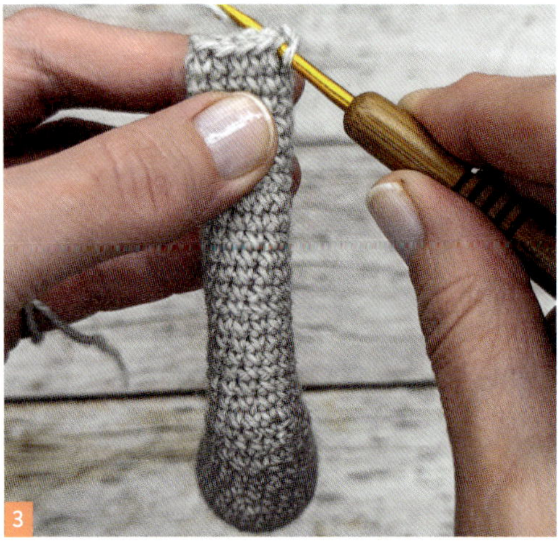

3

17. Rd: 5 fM, 1 fM abn, 7 fM, 1 fM abn. [14]
18.–23. Rd: 14 fM.
24. Rd: 1 fM abn, 12 fM. [13]
25.–30. Rd: 13 fM.
31. Rd: 1 fM abn, 11 fM. [12]
32.–37. Rd: 12 fM.
Die Öffnung des Beins so zusammendrücken, dass die lange Seite parallel zur Ferse verläuft. (→ Bild 3–4) Ggf. noch weitere M bis zur Seite häkeln und die Öffnung mit 5 fM zusammenhäkeln. Faden abschneiden, abketten und vernähen.

KÖRPER (IN CRYSTAL QUARTZ)

In Spiral-Rd häkeln. Die Beine werden direkt eingehäkelt. Körper fortlaufend mit Füllwatte ausstopfen.
Es wird um die Lm-Kette herumgehäkelt. 18 Lm anschl, in die 2. Lm von der Nd aus einstechen und wie folgt häkeln (siehe Hinweis nächste Seite):
1. Rd: 16 fM, 3 fM in 1 M häkeln. Nun werden auf der Rückseite der Lm-Kette

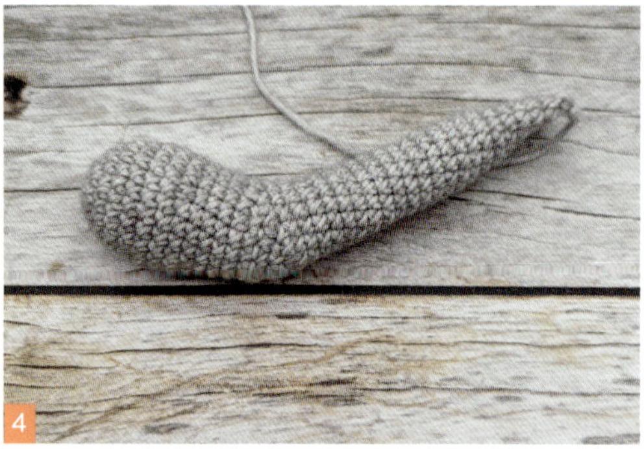

4

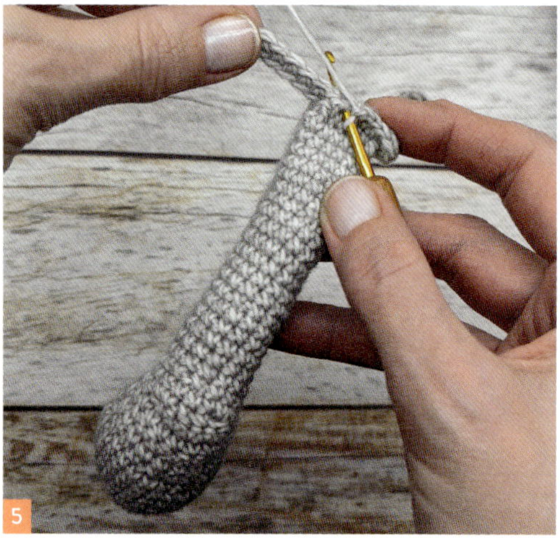

5

die Beine mit eingehäkelt. Dazu erst durch die M des Beins stechen und dann in die M der Lm-Kette. Darauf achten, dass die Fußspitze von dir weg zeigt. (→ Bild 5)
Auf der Rückseite der Lm-Kette wie folgt weiterhäkeln: 5 fM mit Bein, 5 fM, 5 fM mit Bein, 1 fM zun. [36]
2. Rd: 21 fM, 1 fM zun, 2 fM, 1 fM zun, 1 fM, 1 fM zun, 1 fM, 1 fM zun, 2 fM, 1 fM zun, 4 fM [41]
3.–6. Rd: 41 fM.
Ab hier wird nun in jeder Rd eine 1 fM abgenommen. Diese sollte immer seitlich liegen. Da sich der Rd-Anfang durch die Abnahmen etwas verschiebt, sollte dieser

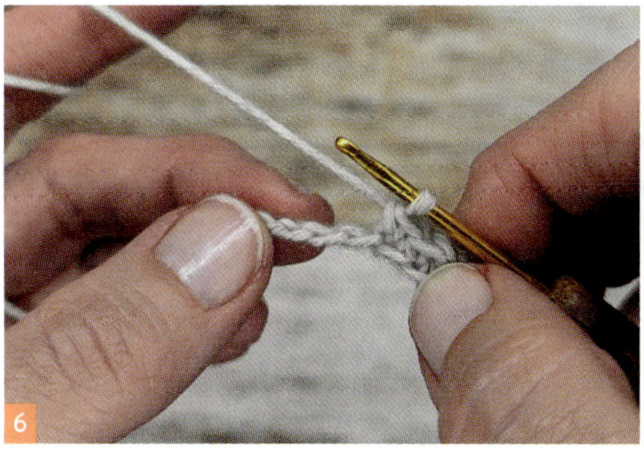

6

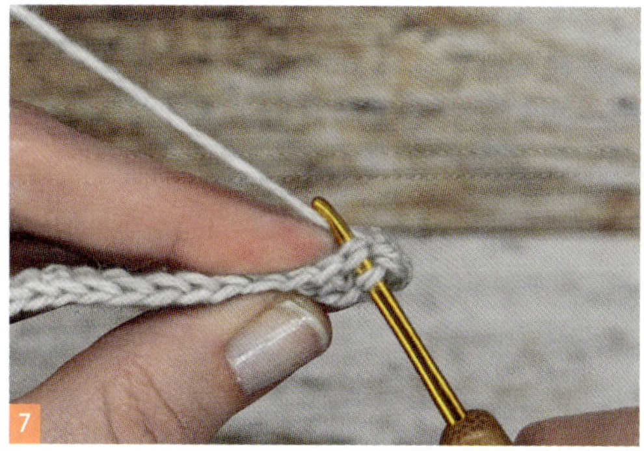

7

ca. alle 3–4 Rd angepasst werden. Dazu dann einfach so viele fM am Ende einer Rd weiterhäkeln, bis der Rd-Anfang wieder seitlich liegt.

7. Rd: 39 fM, 1 fM abn. [40]
8. Rd: 19 fM, 1 fM abn, 19 fM. [39]
9. Rd: 37 fM, 1 fM abn. [38]
10. Rd: 18 fM, 1 fM abn, 18 fM. [37]
11. Rd: 35 fM, 1 fM abn. [36]
12. Rd: 17 fM, 1 fM abn, 17 fM. [35]
13. Rd: 33 fM, 1 fM abn. [34]
14. Rd: 16 fM, 1 fM abn, 16 fM. [33]
15. Rd: 31 fM, 1 fM abn. [32]
16. Rd: 15 fM, 1 fM abn, 15 fM. [31]
17. Rd: 29 fM, 1 fM abn. [30]
18. Rd: 14 fM, 1 fM abn, 14 fM. [29]
19. Rd: 27 fM, 1 fM abn. [28]
20. Rd: 13 fM, 1 fM abn, 13 fM. [27]
21. Rd: 25 fM, 1 fM abn. [26]
22. Rd: 12 fM, 1 fM abn, 12 fM. [25]
23. Rd: 23 fM, 1 fM abn. [24]
24. Rd: 11 fM, 1 fM abn, 11 fM. [23]
25. Rd: 21 fM, 1 fM abn. [22]
26. Rd: 10 fM, 1 fM abn, 10 fM. [21]
27. Rd: 19 fM, 1 fM abn. [20]
28. Rd: 9 fM, 1 fM abn, 9 fM. [19]
29. Rd: 17 fM, 1 fM abn. [18]

Faden lang abschneiden und abketten. Mit dem Endfaden den Kopf an den Körper nähen. Danach die Arme seitlich, 2 Rd unterhalb des Kopfes an den Körper nähen.

▶ Hinweis: Damit beim Umhäkeln der Lm-Kette keine unschönen Löcher entstehen, zuerst in das rückwärtige Maschenglied einstechen. Es liegt auf der Rückseite der Lm-Kette und sieht aus wie eine querverlaufende Schlinge. (→ Bild 6) Häkle bis zum Ende der Lm-Kette, wie angegeben. Auf der Rückseite hast du nun jeweils 2 Maschenglieder, in die du arbeiten kannst. Häkle nun auf der Rückseite deiner Lm-Kette weiter und stich dabei durch beide M-Glieder. (→ Bild 7)

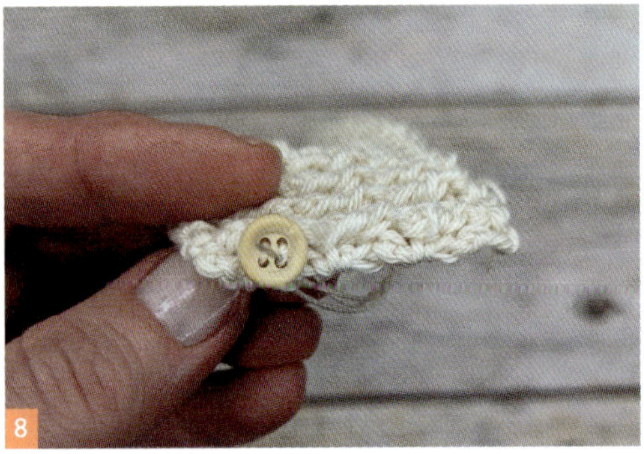

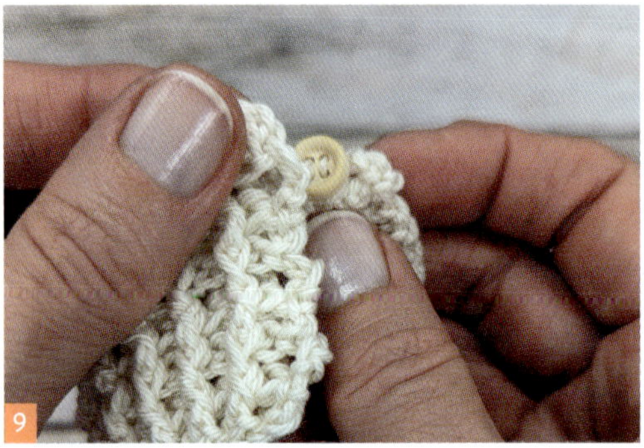

SCHWANZ (IN MOON STONE)

In Spiral-Rd häkeln.

1. Rd: 6 fM in einen Fadenring.

2. Rd: 6 x 1 fM zun. [12]

3. Rd: 12 fM.

4. Rd: *4 fM, 1 fM abn*, von * bis * noch 1 x wdh. [10]

Arbeit mit 1 Km beenden, Faden lang abschneiden und abketten. Mit dem Endfaden den Schwanz, mittig am Rücken, zwischen Rd 2 und 5 an den Körper nähen.

SCHALKRAGEN (IN CAMEL)

In R häkeln. Jede R endet mit 2 Wende-Lm. 47 Lm anschl, in der 4. Lm von der Nd aus beginnen und wie folgt häkeln:

1. R: 44 Stb.

2. R: 1 hStb, *1 RStbv, 1 RStbh*, von * bis * noch 20 x wdh, 1 Stb. Das hintere Stäbchen bildet gleichzeitig das Knopfloch. [44]

3. R: 1 hStb, *1 RStbv, 1 RStbh*, von * bis * noch 20 x wdh, 1 hStb.

4.–7. R: 2. und 3. R abwechselnd wiederholen.

Arbeit beenden. Gegenüber den Knopflöchern die Knöpfe auf ein vorderes RStb nähen. (→ Bild 8–9) Den Schal um den Hals legen, dabei einmal um sich selbst drehen und zuknöpfen.

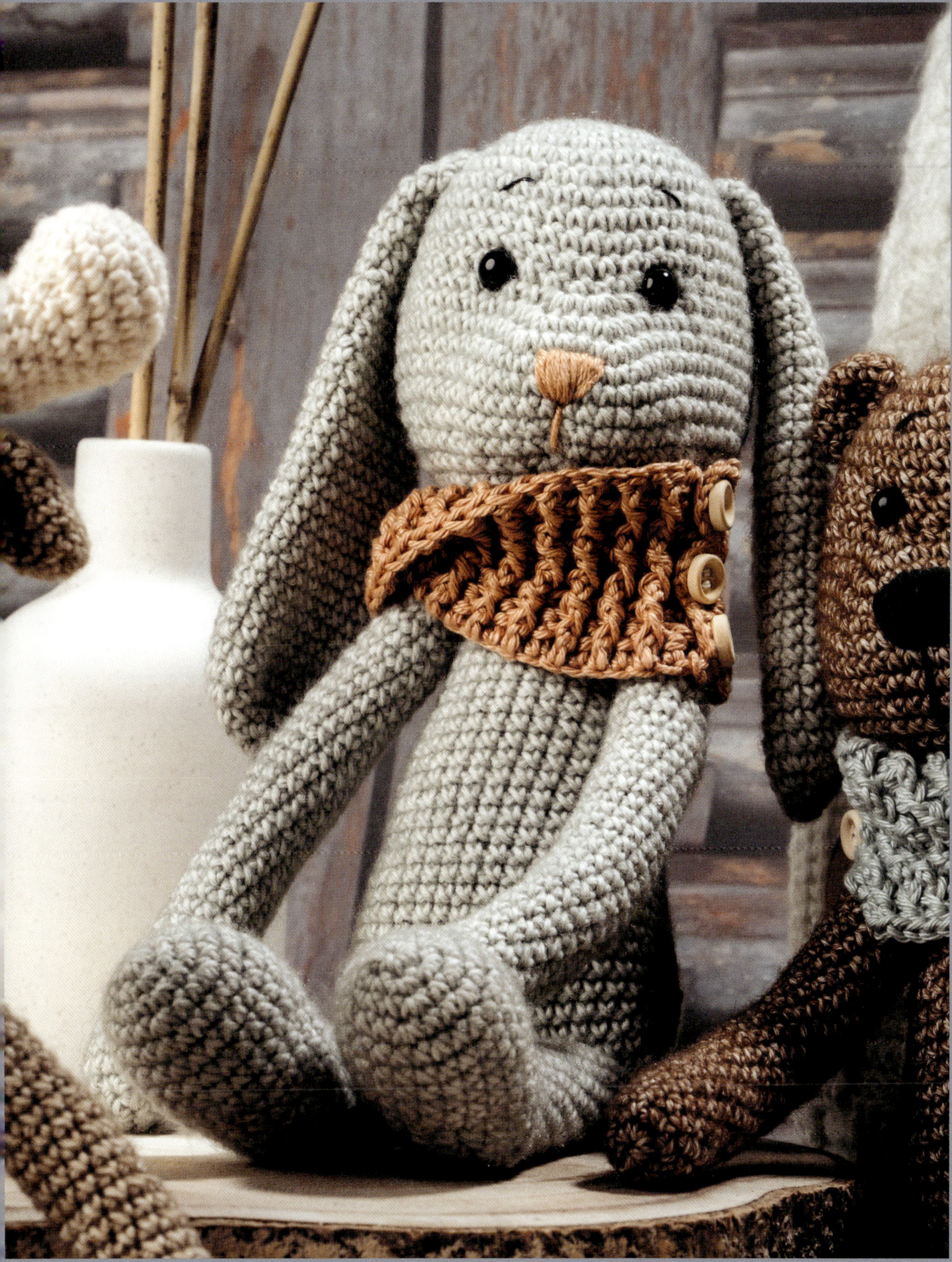

Kuscheliger Bär Ole

Ole ist ein gemütlicher kleiner Bär. Wenn er gerade nicht schläft, isst er am allerliebsten Honig. Nur wenn sein Honigglas leer ist, wird er grummelig, und bei Ungerechtigkeiten kann er laut werden. Für seine Freunde Linn und Linus ist er immer da, und auch nur die beiden dürfen ihn zum Spielen wecken.

Größe
ca. 25 cm

Material

- Scheepjes Stone Washed [78 % Baumwolle, 22 % Acryl LL 130 m/50 g] in:
  - Brown Agate (Fb 822), ca. 65 g
- Scheepjes Catona [100 % Baumwolle LL 125 m/50 g] in:
  - Silver Green (Fb 402) ca. 15 g
  - Jet Black (Fb 110), Rest
- 2 Sicherheitsaugen Ø 8 mm
- 3 Holzknöpfe Ø 1 cm
- Häkelnadel 3,0 mm
- Füllwatte
- Stopfnadel zum Vernähen
- Stecknadeln zum Fixieren

KOPF (IN BROWN AGATE)

In Spiral-Rd häkeln.

1. Rd: 6 fM in einen Fadenring.

2. Rd: 6 x 1 fM zun. [12]

3. Rd: *1 fM, 1 fM zun*, von * bis * noch 5 x wdh [18]

4. Rd: *1 fM, 1 fM zun, 1 fM*, von * bis * noch 5 x wdh. [24]

5. Rd: *3 fM, 1 fM zun*, von * bis * noch 5 x wdh. [30]

6. Rd: *2 fM, 1 fM zun, 2 fM*, von * bis * noch 5 x wdh. [36]

7. Rd: *5 fM, 1 fM zun*, von * bis * noch 5 x wdh. [42]

8.–13. Rd: 42 fM.

14. Rd: 19 fM, 3 fM in 1 M, 2 fM, 3 fM in 1 M, 19 fM. [46]

15. Rd: 20 fM, 3 fM in 1 M, 4 fM, 3 fM in 1 M, 20 fM. [50]

16. Rd: 21 fM, 3 fM in 1 M, 6 fM, 3 fM in 1 M, 21 fM. [54]

17.–21. Rd: 54 fM.

22. Rd: *7 fM, 1 fM abn*, von * bis * noch 5 x wdh. [48]

23. Rd: *3 fM, 1 fM abn, 3 fM*, von * bis * noch 5 x wdh. [42]

Sicherheitsaugen zwischen der 12. und 13. Rd anbringen. Diese sitzen jeweils oberhalb der 3er-Zunahmen, 1 M nach außen

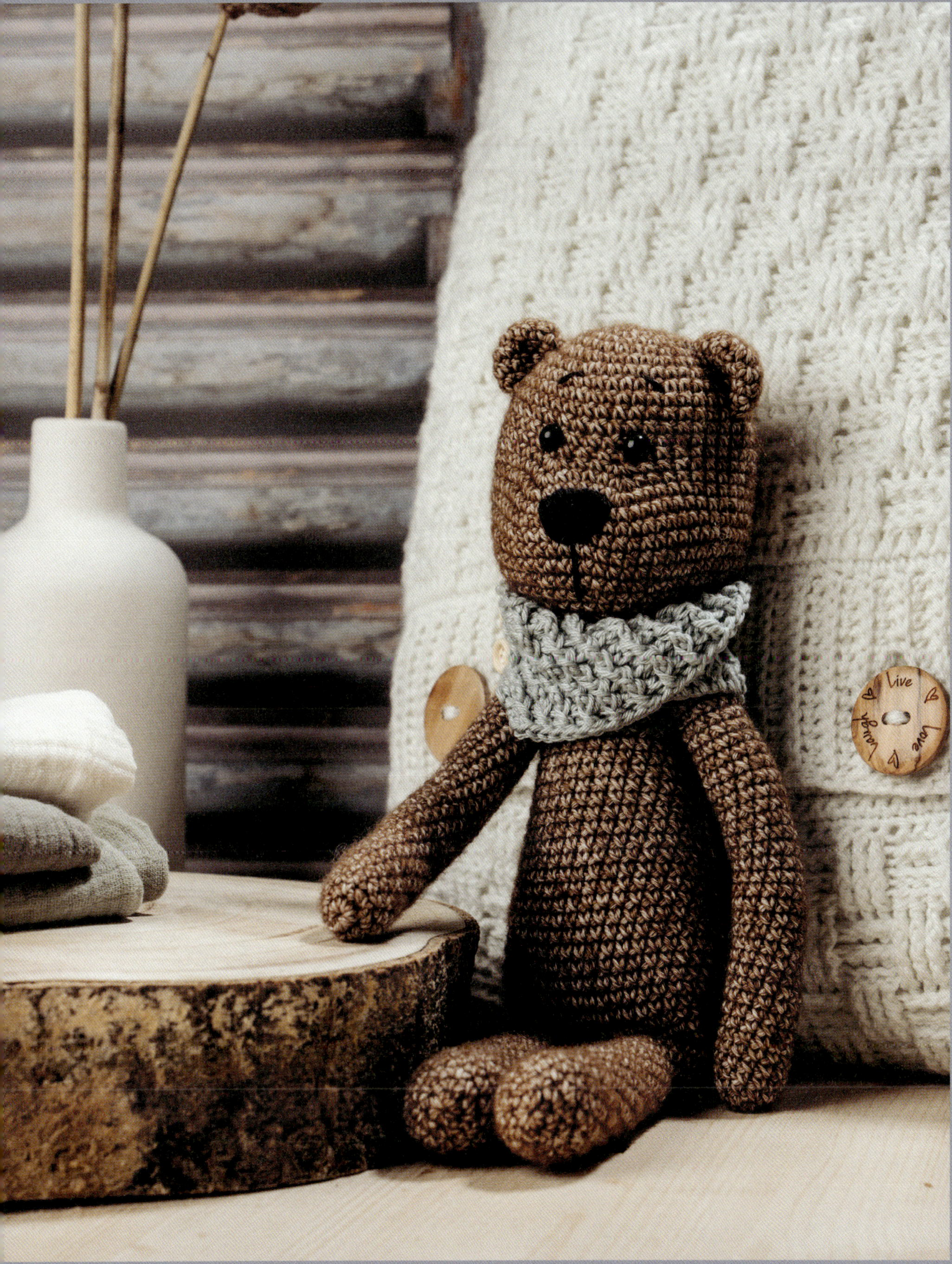
Live
Love
Laugh

versetzt, mit einem Abstand von 5 M.
Schnauze mit einem langen Faden Jet Black aufsticken. Sie beginnt zwischen der 16. und 17. Rd über die gesamte Breite der M zwischen den 3er-Zunahmen und endet spitz zulaufend zwischen der 19. und 20. Rd. Du kannst den Faden unten an der Spitze der Schnauze außen hängen lassen, für den späteren Spannstich nach unten.
Kopf fortlaufend mit Füllwatte ausstopfen. Dabei die Schnauze schön ausformen.
24. Rd: *5 fM, 1 fM abn*, von * bis * noch 5 x wdh. [36]
25. Rd: *2 fM, 1 fM abn, 2 fM*, von * bis * noch 5 x wdh. [30]
26. Rd: *3 fM, 1 fM abn*, von * bis * noch 5 x wdh. [24]
27. Rd: *1 fM, 1 fM abn, 1 fM*, von * bis * noch 5 x wdh. [18]
28. Rd: 18 fM.
Arbeit beenden. Sticke mit einem Spannstich einen senkrechten Strich unter die Schnauze. Dieser verläuft über 4 Rd. Zum Schluss noch mit einem Faden Jet Black die Augenbrauen sticken. Diese beginnen 4 Rd über dem Auge und verlaufen schräg über 2 M seitlich nach außen und eine Rd nach unten.

OHR 2 X (IN BROWN AGATE)

In Spiral-Rd häkeln.
1. Rd: 7 fM in einen Fadenring.
2. Rd: 7 x 1 fM zun. [14]
3.–4. Rd: 14 fM.
Faden lang abschneiden und abketten.
Um die beste Position für die Ohren zu finden, werden diese zuerst mit Stecknadeln am Kopf fixiert. Sie sitzen zwischen der 6. und 10. Rd, mit einem Abstand von ca. 6 M zum Auge. Wenn alles gut sitzt, mit dem Endfaden an den Kopf nähen.

ARM 2 X (IN BROWN AGATE)

In Spiral-Rd häkeln. Arm fortlaufend bis ca. 30. Rd mit Füllwatte ausstopfen.
1. Rd: 6 fM in einen Fadenring.
2. Rd: 6 x 1 fM zun. [12]
3.–33. Rd: 12 fM.
34. Rd: *2 fM, 1 fM abn*, von * bis * noch 2 x wdh. [9]
35.–37. Rd: 9 fM.
Öffnung zusammendrücken, mit der Nd durch beide gegenüberliegenden M stechen und diese so mit 4 fM zusammenhäkeln. Faden lang abschneiden und abketten.

BEIN 2 X (IN BROWN AGATE)

In Spiral-Rd häkeln. Bein fortlaufend bis ca. Rd 30 mit Füllwatte ausstopfen.
1. Rd: 5 fM in einen Fadenring.
2. Rd: 5 x 1 fM zun. [10]
3. Rd: *1 fM, 1 fM zun*, von * bis * noch 4 x wdh. [15]
4.–10. Rd: 15 fM.
11. Rd: 1 fM abn, 13 fM. [14]
12.–18. Rd: 14 fM.
19. Rd: 1 fM abn, 12 fM. [13]
20.–26. Rd: 13 fM.
27. Rd: 1 fM abn, 11 fM. [12]
28.–34. Rd: 12 fM.

Öffnung zusammendrücken, mit der Nd durch beide gegenüberliegenden M stechen und diese mit 5 fM zusammenhäkeln. Arbeit beenden.

KÖRPER (IN BROWN AGATE)

In Spiral-Rd häkeln. Die Beine werden direkt eingehäkelt (siehe dazu auch Hinweis bei Hase Linn auf S. 83). Körper fortlaufend mit Füllwatte ausstopfen.

18 Lm anschl, in der 2. Lm von der Nd aus beginnen und wie folgt um die Lm-Kette herumhäkeln:

1. Rd: 16 fM, 3 fM in 1 M häkeln. Nun werden auf der Rückseite der Lm-Kette die Beine direkt mit eingehäkelt. Stich dabei zuerst durch die M des Beins und dann in die M der Lm-Kette. Achte darauf, dass die Vorderseite des Beins von dir weg zeigt. 5 fM mit 1. Bein, 5 fM, 5 fM mit 2. Bein, 1 fM zun. [36]

2. Rd: 21 fM, 1 fM zun, 2 fM, 1 fM zun, 1 fM, 1 fM zun, 1 fM, 1 fM zun, 2 fM, 1 fM zun, 4 fM [41]

3.–6. Rd: 41 fM.

Ab hier wird nun in jeder Rd eine 1 fM abgenommen. Diese sollte immer seitlich liegen. Da sich der Rd-Anfang durch die Abnahmen etwas verschiebt, solltest du diesen ca. alle 4 Rd anpassen. Dazu dann einfach so viele fM am Ende einer Rd weiterhäkeln, bis der Rd-Anfang wieder seitlich liegt.

7. Rd: 39 fM, 1 fM abn. [40]

8. Rd: 19 fM, 1 fM abn, 19 fM. [39]

9. Rd: 37 fM, 1 fM abn. [38]

10. Rd: 18 fM, 1 fM abn, 18 fM. [37]

11. Rd: 35 fM, 1 fM abn. [36]

12. Rd: 17 fM, 1 fM abn, 17 fM. [35]

13. Rd: 33 fM, 1 fM abn. [34]

14. Rd: 16 fM, 1 fM abn, 16 fM. [33]

15. Rd: 31 fM, 1 fM abn. [32]

16. Rd: 15 fM, 1 fM abn, 15 fM. [31]

17. Rd: 29 fM, 1 fM abn. [30]

18. Rd: 14 fM, 1 fM abn, 14 fM. [29]

19. Rd: 27 fM, 1 fM abn. [28]

20. Rd: 13 fM, 1 fM abn, 13 fM. [27]

21. Rd: 25 fM, 1 fM abn. [26]

22. Rd: 12 fM, 1 fM abn, 12 fM. [25]

23. Rd: 23 fM, 1 fM abn. [24]

24. Rd: 11 fM, 1 fM abn, 11 fM. [23]

25. Rd: 21 fM, 1 fM abn. [22]

26. Rd: 10 fM, 1 fM abn, 10 fM. [21]

27. Rd: 19 fM, 1 fM abn. [20]

28. Rd: 9 fM, 1 fM abn, 9 fM. [19]

29. Rd: 17 fM, 1 fM abn. [18]

30. Rd: 18 fM.

Faden lang abschneiden und abketten. Mit dem Endfaden den Kopf an den Körper nähen. Danach die Arme seitlich, 2 Rd unterhalb des Kopfes, an den Körper nähen.

SCHWANZ (IN BROWN AGATE)

In Spiral-Rd häkeln.

1. Rd: 6 fM in einen Fadenring.

2. Rd: 6 x 1 fM zun. [12]

3. Rd: 12 fM.

4. Rd: *2 fM, 1 fM abn*, von * bis * noch 2 x wdh. [9]

Öffnung zusammendrücken, mit der Nd durch beide gegenüberliegenden M stechen und diese mit 4 fM zusammenhäkeln. Faden lang abschneiden und abketten. Mit dem Endfaden den Schwanz mittig zwischen der 4. und 5. Rd an den Rücken nähcn.

SCHALKRAGEN (IN SILVER GREEN)

Siehe S. 84, dort findest du die Anleitung zum Schalkragen. Häkle diesen in Silver Green.

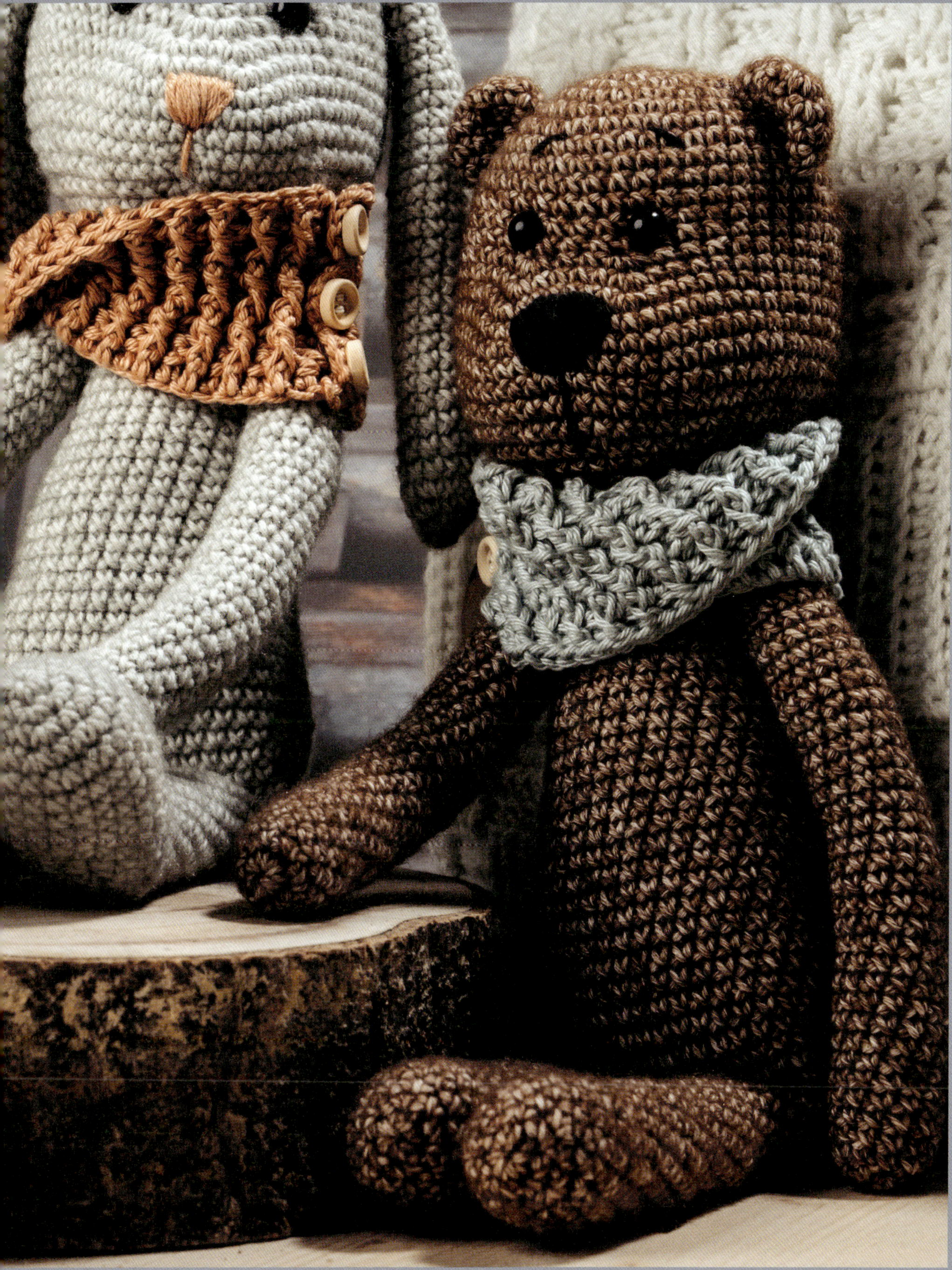

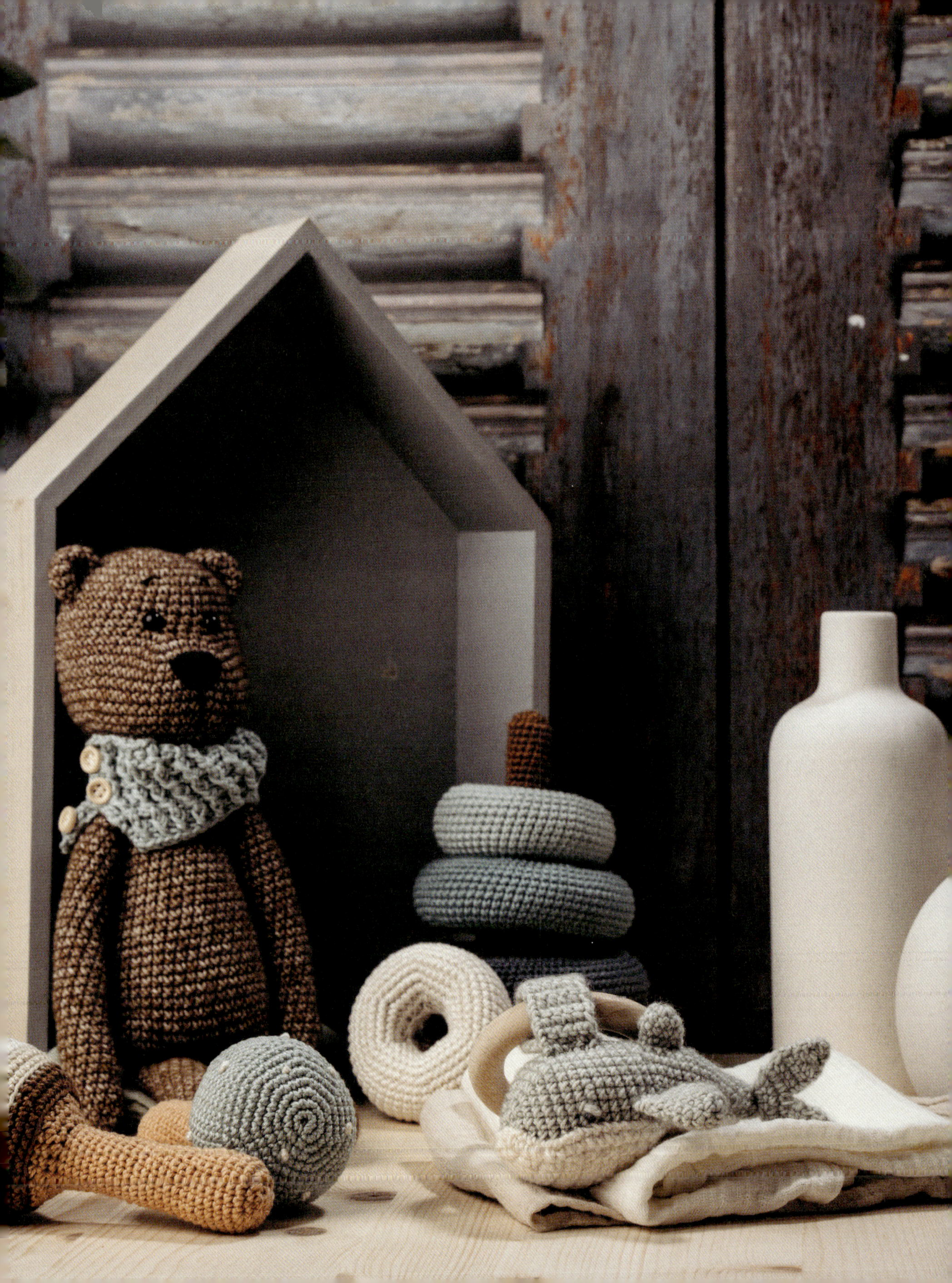

Hyggelige Babyzeit

Greifring Wilma Walfisch

Größe

ca. 13 x 5 cm (ohne Ring)

Material

- Scheepjes Stone Washed [78 % Baumwolle, 22 % Acryl LL 130 m/50 g] in:
  - Moon Stone (Fb 801), ca. 30 g
  - Crystal Quartz (Fb 814), ca. 15 g
- Scheepjes Catona [100 % Baumwolle LL 125 m/50 g] in:
  - Charcoal (Fb 393), Rest
- 1 Greifring aus Holz, Ø 7 cm
- Häkelnadel 2,5 mm
- Stecknadeln zum Fixieren
- Füllwatte
- Stopfnadel zum Vernähen

WALFISCH (IN CRYSTAL QUARTZ)

In Spiral-Rd häkeln. Fortlaufend mit Füllwatte ausstopfen. 5 Lm anschl, in der 2. M von der Nd aus beginnen und wie folgt um die Lm-Kette herumhäkeln:

1. Rd: 3 fM, 3 fM in 1 M, 2 fM, 1 M zun. [10]

2. Rd: 1 M zun, 2 fM, 1 M zun, 1 fM, 1 M zun, 2 fM, 1 M zun, 1 fM. [14]

3. Rd: 1 M zun, 4 fM, 1 M zun, 1 fM, 1 M zun, 4 fM, 1 M zun, 1 fM. [18]

4. Rd: 1 M zun, 6 fM, 1 M zun, 1 fM, 1 M zun, 6 fM, 1 M zun, 1 fM. [22]

5. Rd: 1 M zun, 8 fM, 1 M zun, 1 fM, 1 M zun, 8 fM, 1 M zun, 1 fM. [26]

6. Rd: 1 M zun, 10 fM, 1 M zun, 1 fM, 1 M zun, 10 fM, 1 M zun, 1 fM. [30]

7.–14. Rd: 30 fM.

15. Rd: *4 fM, 1 M abn*, von * bis * noch 4 x wdh. [25]

16. Rd: *3 fM, 1 M abn*, von * bis * noch 4 x wdh. [20]

17.–23. Rd: 20 fM.

24. Rd: *2 fM, 1 M abn*, von * bis * noch 4 x wdh. [15]

25. Rd: 15 fM.

26. Rd: *1 fM, 1 M abn*, von * bis * noch 4 x wdh. [10]

27.–29. Rd: 10 fM.

30. Rd: 5 x 1 M abn. [5]

Öffnung zusammendrücken, mit der Nd durch beide gegenüberliegenden M stechen und diese mit 2 fM zusammenhäkeln. Nicht abketten. Jetzt beginnt die Schwanzflosse. Weiter in R häkeln. Am Ende jeder R 1 Wende-Lm häkeln. Diese wird nicht als M mitgezählt.

31. R: 2 x 1 M zun. [4]

32. R: 1 M zun, 2 fM, 1 M zun. [6]

33. R: 1 M zun, 2 fM, wenden. Die restlichen M bleiben frei. [4]

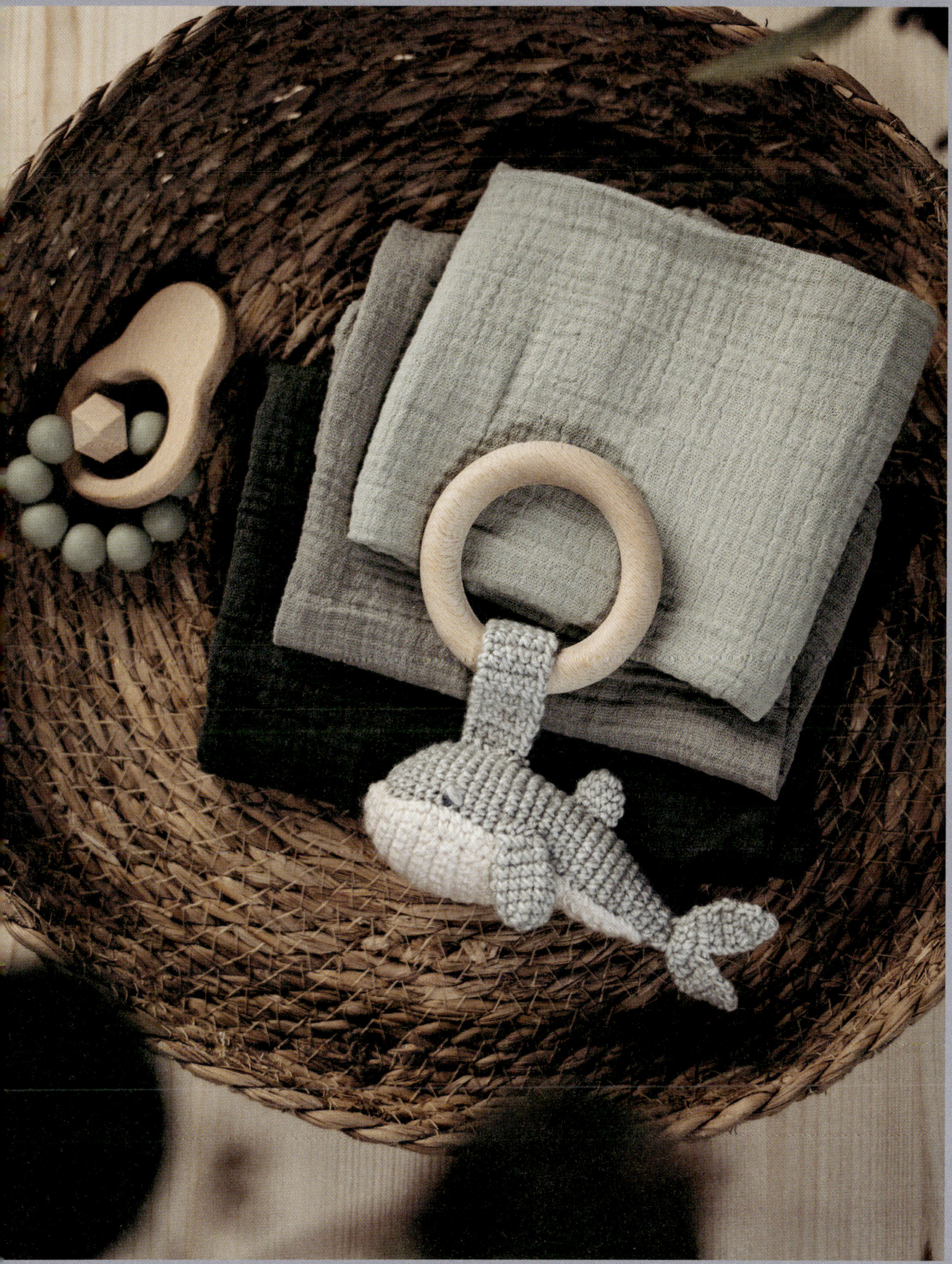

34.–36. R: 4 fM.
37. R: 2 x 1 M abn. [2]
38. R: 1 M abn. [1]
Faden abschneiden und abketten. Stich mit der Nd in die 1. M der 32. R und kette mit einer stehenden fM an und wdh die 33.–38. R. Faden abschneiden und abketten.

BAUCH (IN MOON STONE)

In R häkeln. Am Ende jeder R 1 Wende-Lm häkeln. Diese wird nicht als M mitgezählt.
3 Lm anschl, in der 2. Lm von der Nd aus beginnen und wie folgt häken:
1. R: 2 x 1 M zun. [4]
2. R: 1 M zun, 2 fM, 1 M zun. [6]
3. R: 1 M zun, 4 fM, 1 M zun. [8]
4. R: 1 M zun, 6 fM, 1 M zun. [10]
5. R: 1 M zun, 8 fM, 1 M zun. [12]
6. R: 1 M zun, 10 fM, 1 M zun. [14]
7.–13. R: 14 fM.
14. R: 1 M abn, 10 fM, 1 M abn. [12]
15. R: 1 M abn, 8 fM, 1 M abn. [10]
16. R: 10 fM.
17. R: 1 M abn, 6 fM, 1 M abn. [8]
18.–19. R: 8 fM.
20. R: 1 M abn, 4 fM, 1 M abn. [6]
21. R: 6 fM.
22. R: 1 M abn, 2 fM, 1 M abn. [4]
23.–24. R: 4 fM
25. R: 2 x 1 M abn. [2]
26. R: 2 fM.
27. R: 1 M abn. [1]
Faden nicht abketten. Den gesamten Bauch mit einer Rd fM umhäkeln. Häkle dabei 2 fM in das hintere Ende (27. R). Faden abschneiden, abketten und Rd unsichtbar beenden.
Den Bauch an die Unterseite von Wilma häkeln. Das schmale Ende liegt dabei unterhalb der Schwanzflosse.

AUGEN (IN CHARCOAL)

Sticke für die Augen je einen Knötchenstich in Höhe der 9.–10. Rd direkt oberhalb des Bauchs auf jede Seite des Walfisches. Mit Chrystal Quartz je zwei schräge Spannstiche als Augenlider direkt über jedes Auge sticken.

SEITENFLOSSEN (2 X IN CRYSTAL QUARTZ)

In Spiral-Rd häkeln. 3 Lm anschl, in der 2. M von der Nd aus beginnen und wie folgt um die Lm-Kette herumhäkeln:
1. Rd: 1 fM, 3 fM in 1 M, 1 M zun. [6]
2. Rd: 1 M zun, 1 fM, 2 x 1 M zun, 1 fM, 1 M zun. [10]
3.–5. Rd: 10 fM.
6. Rd: *3 fM, 1 M abn*, von * bis * noch 1 x wdh. [8]
7. Rd: 8 fM.
Öffnung zusammendrücken, mit der Nd durch beide gegenüberliegenden M stechen und diese mit 4 fM zusammenhäkeln. Faden lang abschneiden und abketten. Damit die Seitenflossen direkt oberhalb des Bauches auf Höhe der 14.–17. Rd an den Walfisch nähen.

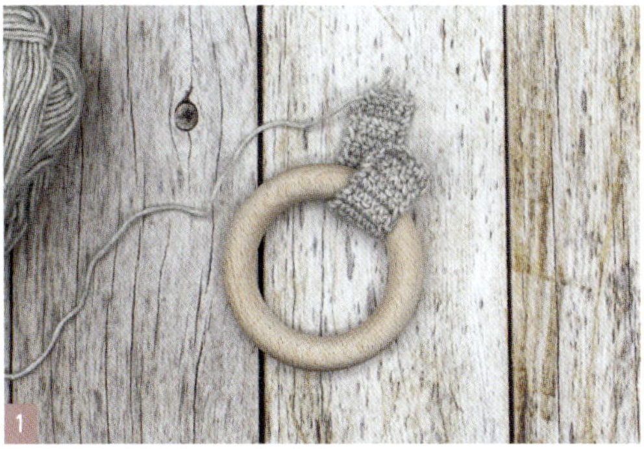

1

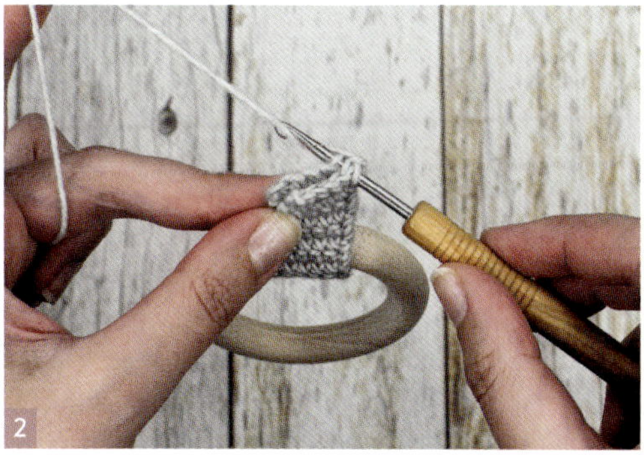

2

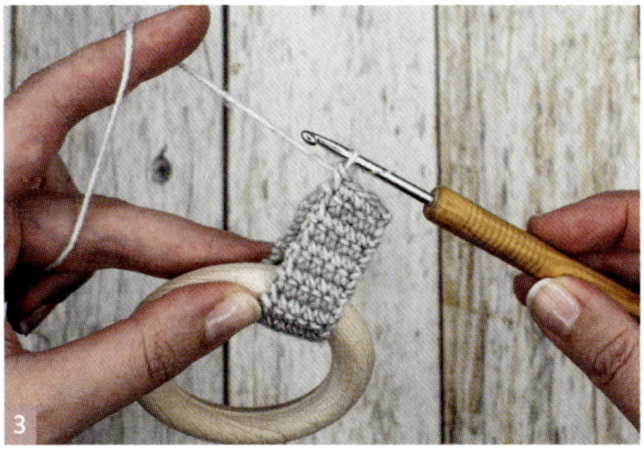

3

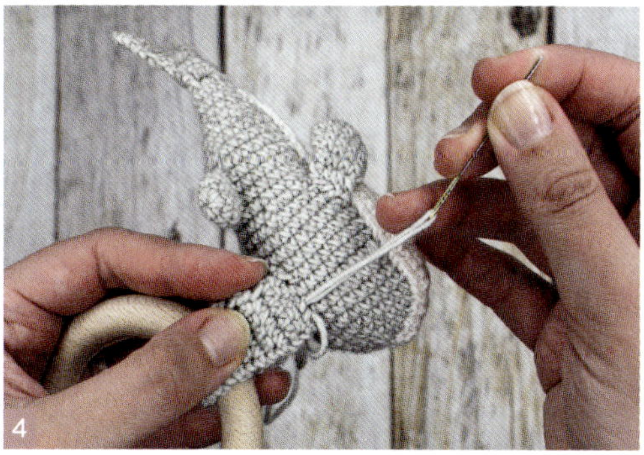

4

RÜCKENFLOSSE (IN CRYSTAL QUARTZ)

In Spiral-Rd häkeln.

1. Rd: 6 fM in einen Fadenring.

2. Rd: *2 fM, 1 fM zun*, von * bis * noch 1 x wdh. [8]

3. Rd: 8 fM.

Faden lang abschneiden und abketten. Damit die Rückenflosse mittig oben auf Höhe der 18.–21. Rd an den Walfisch nähen.

SCHLAUFE FÜR DEN RING (IN CRYSTAL QUARTZ)

In R häkeln. Am Ende jeder R 1 Wende-Lm häkeln. Diese wird nicht als M mitgezählt. 6 Lm anschl, in der 2. Lm von der Nd aus beginnen und wie folgt häkeln:

1.–22. R: 5 fM.

Nicht abketten. Lege die Schlaufe um den Ring, mit der Nd durch beide gegenüberliegenden M der kurzen Kanten (1. und 22. Rd) stechen und diese mit 5 fM zusammenhäkeln. Der Ring ist nun in der Schlaufe (→ Bild 1–3). Faden lang abschneiden und abketten. Damit die Schlaufe genau mittig am Rücken von Wilma oberhalb der Augen und vor der Rückenflosse annähen (→ Bild 4).

Spaßiger Stapelturm

Größe
ca. 19 x 11 cm

Material

- Scheepjes Catona [100% Baumwolle LL 125 m/50 g] in:
  - Hazelnut (Fb 503), ca. 40 g
  - Charcoal (Fb 393), ca. 30 g
  - Silver Blue (Fb 528), ca. 30 g
  - Silver Green (Fb 402), ca. 25 g
  - Old Lace (Fb 130), ca. 25 g
- 1 Kreis aus fester Pappe Ø ca. 10 cm
- Häkelnadel 2,5 mm
- Füllwatte
- Stopfnadel zum Vernähen

HALTERUNG (IN HAZELNUT)

In Spiral-Rd häkeln.

1. Rd: 7 fM in einen Fadenring.
2. Rd: 7 x 1 fM zun. [14]
3. Rd: *1 fM, 1 fM zun*, von * bis * noch 6 x wdh. [21]
4. Rd: *2 fM, 1 fM zun*, von * bis * noch 6 x wdh. [28]
5. Rd: *3 fM, 1 fM zun*, von * bis * noch 6 x wdh. [35]
6. Rd: *4 fM, 1 fM zun*, von * bis * noch 6 x wdh. [42]
7. Rd: *5 fM, 1 fM zun*, von * bis * noch 6 x wdh. [49]
8. Rd: *6 fM, 1 fM zun*, von * bis * noch 6 x wdh. [56]
9. Rd: *7 fM, 1 fM zun*, von * bis * noch 6 x wdh. [63]
10. Rd: *8 fM, 1 fM zun*, von * bis * noch 6 x wdh. [70]
11. Rd: *9 fM, 1 fM zun*, von * bis * noch 6 x wdh. [77]
12. Rd: *10 fM, 1 fM zun*, von * bis * noch 6 x wdh. [84]
13. Rd: *11 fM, 1 fM zun*, von * bis * noch 6 x wdh. [91]
14. Rd: 91 fM.
15. Rd: Alles ihM, *11 fM, 1 fM abn*, von * bis * noch 6 x wdh. [84]

16.–19. Rd: 84 fM.

20. Rd: Alles ihM, *10 fM, 1 fM abn*, von * bis * noch 6 x wdh. [77]

Lege die Pappscheibe unten in die Halterung ein.

21. Rd: *9 fM, 1 fM abn*, von * bis * noch 6 x wdh. [70]
22. Rd: *8 fM, 1 fM abn*, von * bis * noch 6 x wdh. [63]
23. Rd: *7 fM, 1 fM abn*, von * bis * noch 6 x wdh. [56]
24. Rd: *6 fM, 1 fM abn*, von * bis * noch

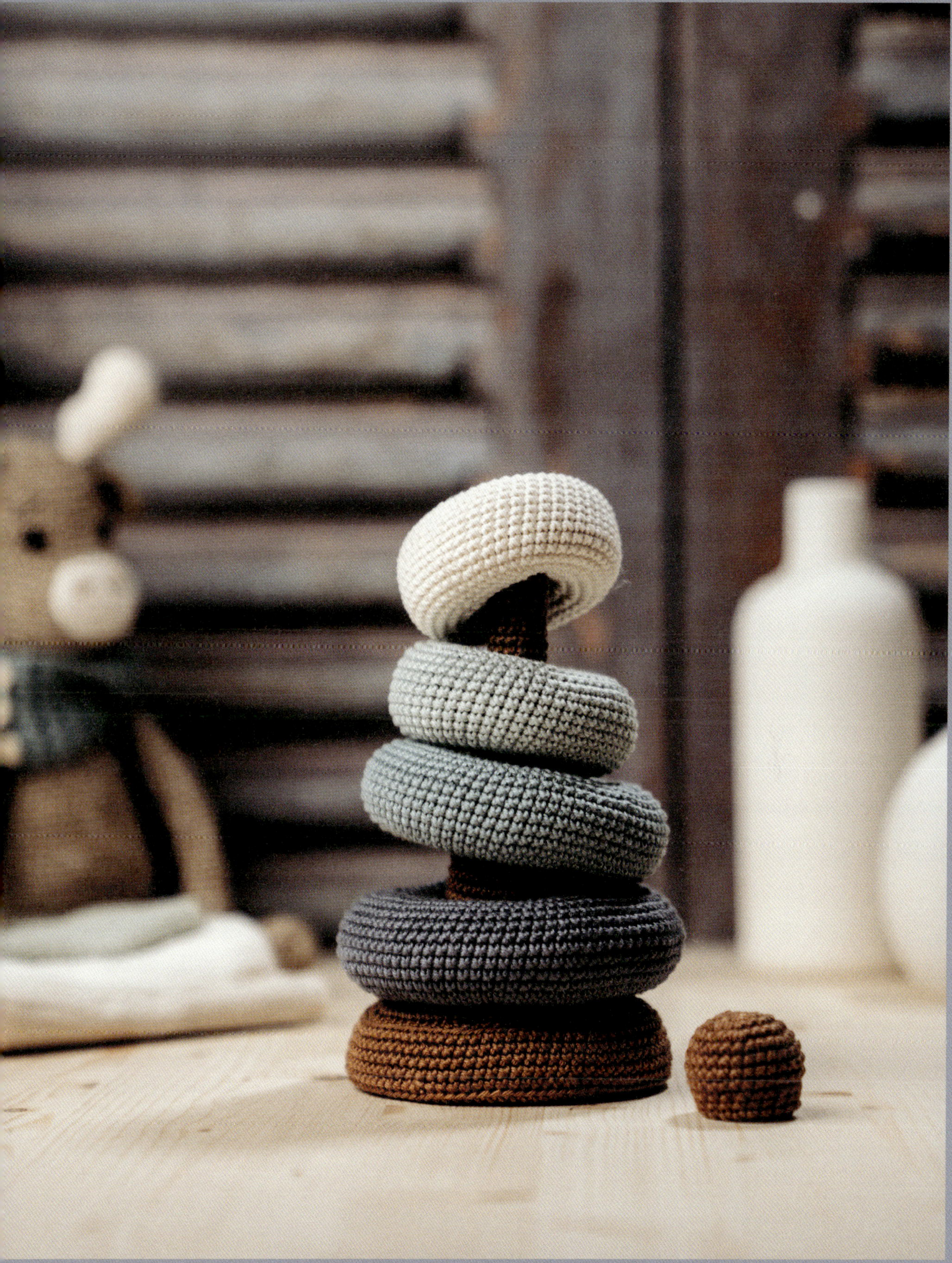

6 x wdh. [49]
25. Rd: *5 fM, 1 fM abn*, von * bis * noch 6 x wdh. [42]
26. Rd: *4 fM, 1 fM abn*, von * bis * noch 6 x wdh. [35]
Beginne die Halterung mit Füllwatte fortlaufend auszustopfen.
27. Rd: 35 fM ivM.
28.–37. Rd: 35 fM.
38. Rd: *3 fM, 1 fM abn*, von * bis * noch 6 x wdh. [28]
39.–43. Rd: 28 fM.
44. Rd: *2 fM, 1 fM abn*, von * bis * noch 6 x wdh. [21]
45.–46. Rd: 21 fM.
47. Rd: *1 fM, 1 fM abn*, von * bis * noch 6 x wdh. [14]
48.–63. Rd: 14 fM.
64. Rd: 7 x 1 M abn. [14]
Den Faden durch alle vorderen M-Glieder fädeln und festziehen. Faden vernähen.

1. RING (IN CHARCOAL)

In Spiral-Rd häkeln. 44 Lm anschl und diese mit 1 Km zum Ring schließen.
1. Rd: 44 fM um den Ring häkeln.
2. Rd: *3 fM, 1 fM zun*, von * bis * noch 10 x wdh. [55]
3. Rd: *4 fM, 1 fM zun*, von * bis * noch 10 x wdh. [66]
4. Rd: *5 fM, 1 fM zun*, von * bis * noch 10 x wdh. [77]
5. Rd: *6 fM, 1 fM zun*, von * bis * noch 10 x wdh. [88]
6.–17. Rd: 88 fM.
18. Rd: *6 fM, 1 fM abn*, von * bis * noch

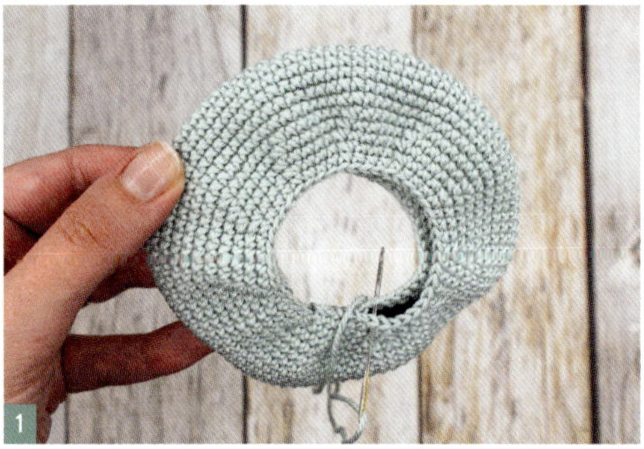

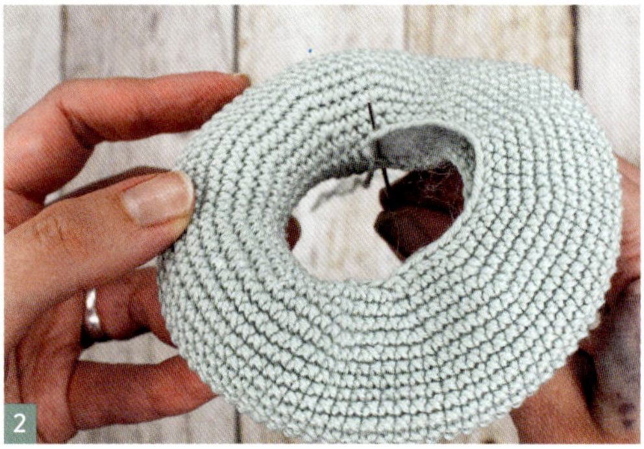

10 x wdh. [77]
19. Rd: *5 fM, 1 fM abn*, von * bis * noch 10 x wdh. [66]
20. Rd: *4 fM, 1 fM abn*, von * bis * noch 1 0x wdh. [55]
21. Rd: *3 fM, 1 fM abn*, von * bis * noch 10 x wdh. [44]
22. Rd: 44 fM.
Faden abschneiden, abketten und damit die Innenseite des Rings zusammennähen. Stopfe den Ring dabei fortlaufend mit Füllwatte aus (→ Bild 1–2).

2. RING (IN SILVER BLUE)

In Spiral-Rd häkeln. 36 Lm anschl und diese mit 1 Km zum Ring schließen.
1. Rd: 36 fM um den Ring häkeln.
2. Rd: *3 fM, 1 fM zun*, von * bis * noch 8 x

wdh. [45]
3. Rd: *4 fM, 1 fM zun*, von * bis * noch 8 x wdh. [54]
4. Rd: *5 fM, 1 fM zun*, von * bis * noch 8 x wdh. [63]
5. Rd: *6 fM, 1 fM zun*, von * bis * noch 8 x wdh. [72]
6.–17. Rd: 72 fM.
18. Rd: *6 fM, 1 fM abn*, von * bis * noch 8 x wdh. [63]
19. Rd: *5 fM, 1 fM abn*, von * bis * noch 8 x wdh. [54]
20. Rd: *4 fM, 1 fM abn*, von * bis * noch 8 x wdh. [45]
21. Rd: *3 fM, 1 fM abn*, von * bis * noch 8 x wdh. [36]
22. Rd: 36 fM.
Faden abschneiden, abketten und damit die Innenseite des Rings zusammennähen. Stopfe den Ring dabei fortlaufend mit Füllwatte aus.

3. RING (IN SILVER GREEN)

In Spiral-Rd häkeln. 24 Lm anschl und diese mit 1 Km zum Ring schließen.
1. Rd: 24 fM um den Ring häkeln.
2. Rd: *3 fM, 1 fM zun*, von * bis * noch 5 x wdh. [30]
3. Rd: *4 fM, 1 fM zun*, von * bis * noch 5 x wdh. [36]
4. Rd: *5 fM, 1 fM zun*, von * bis * noch 5 x wdh. [42]
5. Rd: *6 fM, 1 fM zun*, von * bis * noch 5 x wdh. [48]
6. Rd: *7 fM, 1 fM zun*, von * bis * noch 5 x wdh. [54]
7.–16. Rd: 54 fM.
17. Rd: *6 fM, 1 fM abn*, von * bis * noch 7 x wdh. [42]
18. Rd: *5 fM, 1 fM abn*, von * bis * noch 5 x wdh. [36]
19. Rd: *4 fM, 1 fM abn*, von * bis * noch 5 x wdh. [30]
20. Rd: *3 fM, 1 fM abn*, von * bis * noch 5 x wdh. [24]
21. Rd: 24 fM.
Faden abschneiden, abketten und damit die Innenseite des Rings zusammennähen. Stopfe den Ring dabei fortlaufend mit Füllwatte aus.

4. RING (IN OLD LACE)

In Spiral-Rd häkeln. 24 Lm anschl und diese mit 1 Km zum Ring schließen.
1. Rd: 24 fM um den Ring häkeln.
2. Rd: *3 fM, 1 fM zun*, von * bis * noch 6 x wdh. [30]
3. Rd: *4 fM, 1 fM zun*, von * bis * noch 6 x wdh. [36]
4. Rd: *5 fM, 1 fM zun*, von * bis * noch 6 x wdh. [42]
5. Rd: *6 fM, 1 fM zun*, von * bis * noch 6 x wdh. [48]
6.–17. Rd: 48 fM.
18. Rd: *6 fM, 1 fM abn*, von * bis * noch 6 x wdh. [42]
19. Rd: *5 fM, 1 fM abn*, von * bis * noch 6 x wdh. [36]
20. Rd: *4 fM, 1 fM abn*, von * bis * noch 6 x wdh. [30]
21. Rd: *3 fM, 1 fM abn*, von * bis * noch 6 x wdh. [24]

22. Rd: 24 fM.
Faden abschneiden, abketten und damit die Innenseite des Rings zusammennähen. Stopfe den Ring dabei fortlaufend mit Füllwatte aus.

ABSCHLUSSKUGEL (IN HAZELNUT)

In Spiral-Rd häkeln.
1. Rd: 7 fM in einen Fadenring.
2. Rd: 7 x 1 fM zun. [14]
3. Rd: *1 fM, 1 fM zun*, von * bis * noch 6 x wdh. [21]
4. Rd: *2 fM, 1 fM zun*, von * bis * noch 6 x wdh. [28]
5.–8. Rd: 28 fM.
9. Rd: *2 fM, 1 fM abn*, von * bis * noch 6 x wdh. [21]
10.–14. Rd: 21 fM.
15. Rd: *1 fM, 1 fM abn*, von * bis * noch 6 x wdh. [14]
Die Kugel leicht bis zur 7. Rd mit Füllwatte ausstopfen.
16. Rd: 7 x 1 M abn. [7]
Den Faden durch alle vorderen M-Glieder fädeln und festziehen. Faden vernähen. Stülpe die 10.–16. Rd nach innen, sodass eine Mulde entsteht, die du oben auf die Halterung stecken kannst.

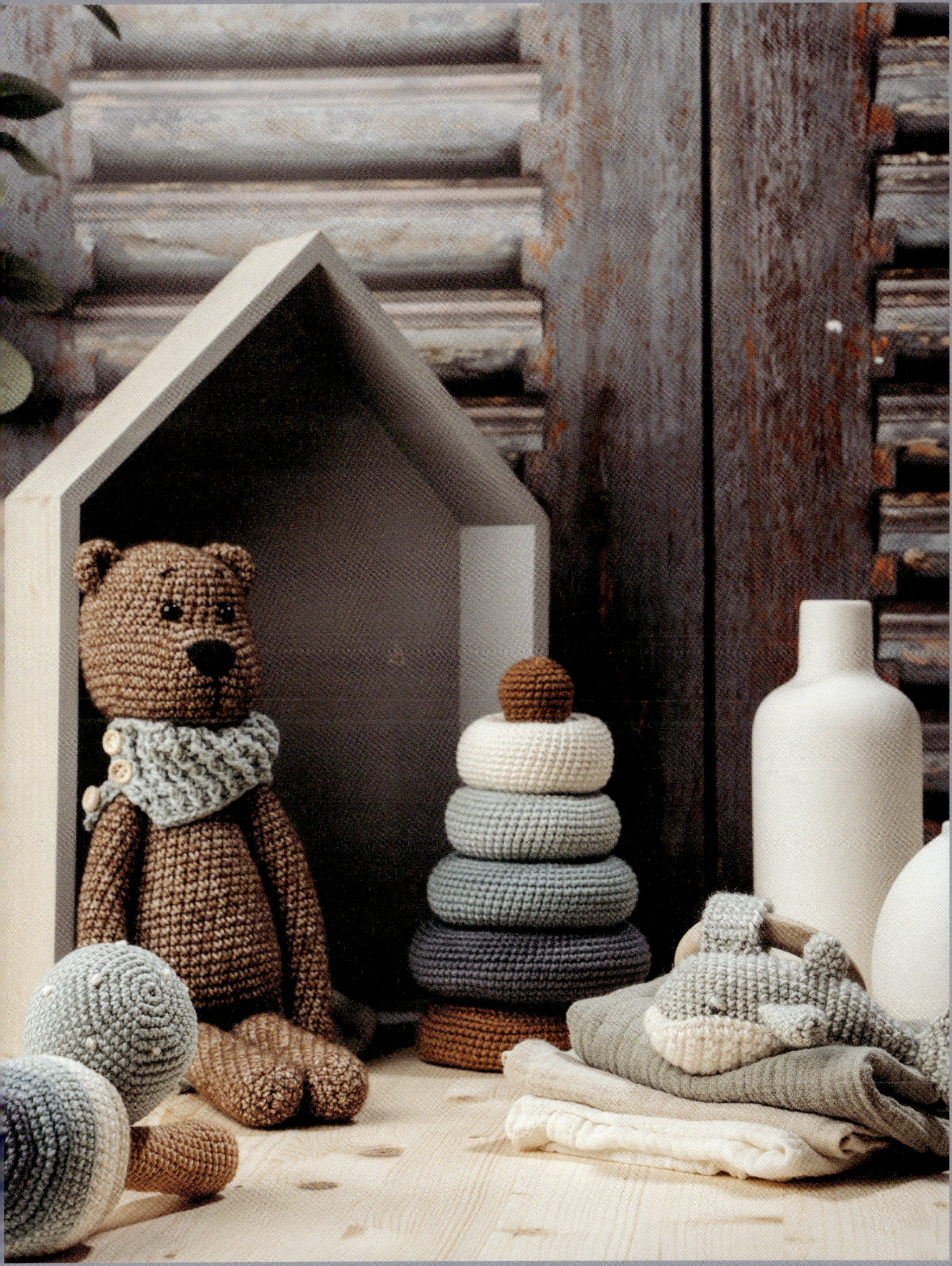

Rhythmischer Rasselspaß

Größe
ca. 13 cm

Material

- Scheepjes Catona [100 % Baumwolle LL 125 m/50 g] in:
  - Camel (Fb 502), ca. 40 g
  - Silver Green (Fb 402), ca. 30 g
  - Hazelnut (Fb 503), Rest
  - Sand (Fb 404), Rest
  - Silver Blue (Fb 528), Rest
  - Old Lace (Fb 130), Rest
  - Charcoal (Fb 393), Rest
- 2 kleine Rasseldosen Ø 2 cm
- Häkelnadel 2,5 mm
- Füllwatte
- Stopfnadel zum Vernähen

REGENBOGEN-RASSEL (IN CHARCOAL, SILVER BLUE, SILVER GREEN, OLD LACE, SAND, HAZELNUT UND CAMEL)

In Spiral-Rd häkeln. Mit Charcoal beginnen.

1. Rd: 7 fM in einen Fadenring.

2. Rd: 7x 1 fM zun. [14]

3. Rd: *1 fM, 1 fM zun*, von * bis * noch 6 x wdh. [21]

4. Rd: *2 fM, 1 fM zun*, von * bis * noch 6 x wdh. [28]

5. Rd: *3 fM, 1 fM zun*, von * bis * noch 6 x wdh. [35]

Fb-Wechsel zu Silver Blue.

6. Rd: Alles ihM, *4 fM, 1 fM zun*, von * bis * noch 6 x wdh. [42]

7. Rd: 42 fM.

8. Rd: *5 fM, 1 fM zun*, von * bis * noch 6 x wdh. [49]

Fb-Wechsel zu Silver Green.

9. Rd: 49 fM ihM.

10.–11. Rd: 49 fM.

Fb-Wechsel zu Old Lace.

12. Rd: 49 fM ihM.

13–14. Rd: 49 fM.

Fb-Wechsel zu Sand.

15. Rd: 49 fM ihM.

16.–17. Rd: 49 fM.

Fb-Wechsel zu Hazelnut.

18. Rd: Alles ihM, *5 fM, 1 fM abn*, von * bis * noch 6 x wdh. [42]

19. Rd: 42 fM.

Beginne, die Rassel fortlaufend mit Füllwatte auszustopfen. Stopfe zuerst die inneren Seiten aus und lege dann die Rasseldose mittig in die Rassel sein.

20. Rd: *4 fM, 1 fM abn*, von * bis * noch 6 x wdh. [35]

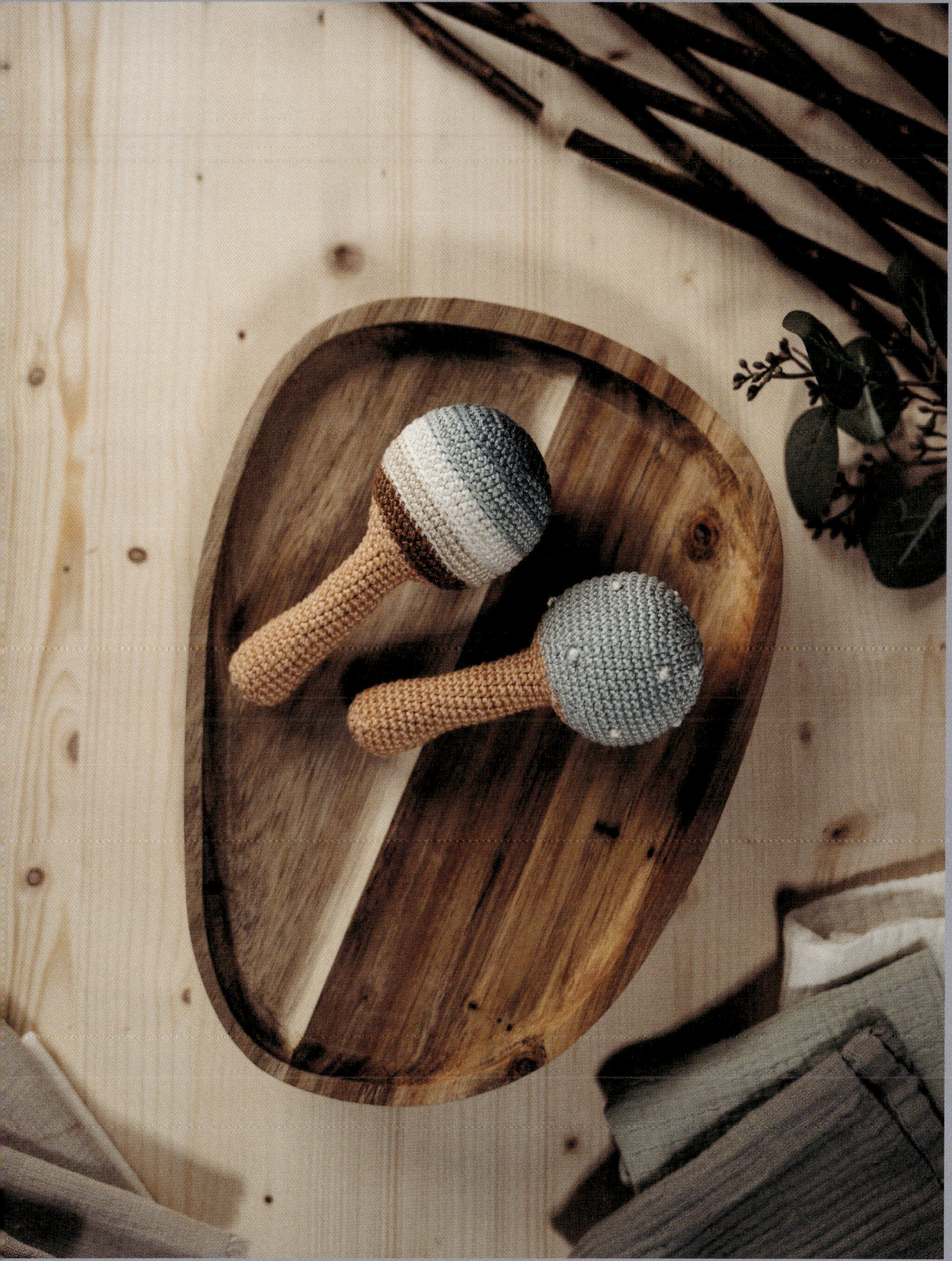

Fb-Wechsel zu Camel.

21. Rd: Alles ihM, *3 fM, 1 fM abn*, von * bis * noch 6 x wdh. [28]

22. Rd: *2 fM, 1 fM abn*, von * bis * noch 6 x wdh. [21]

23. Rd: *1 fM, 1 fM abn*, von * bis * noch 6 x wdh. [14]

24. Rd: 14 fM ivM.

25.–36. Rd: 14 fM.

37. Rd: *4 fM, 1 fM zun*, von * bis * noch 1 x wdh, 4 fM. [16]

38. Rd: 16 fM.

39. Rd: *5 fM, 1 fM zun*, von * bis * noch 1 x wdh, 4 fM. [18]

40. Rd: 18 fM.

41. Rd: *6 fM, 1 fM zun*, von * bis * noch 1 x wdh, 4 fM. [20]

42.–44. Rd: 20 fM.

45. Rd: *4 fM, 1 fM abn*, von * bis * noch 2 x wdh, 2 fM. [17]

46. Rd: *3 fM, 1 fM abn*, von * bis * noch 2 x wdh, 2 fM. [14]

47. Rd: 7 x 1 M abn. [7]

Den Faden durch alle vorderen M-Glieder fädeln und festziehen. Faden vernähen.

PÜNKTCHEN-RASSEL (IN SILVER GREEN UND CAMEL)

In Spiral-Rd häkeln. Mit Silver Green beginnen.

1. Rd: 7 fM in einen Fadenring.

2. Rd: 7 x 1 fM zun. [14]

3. Rd: *1 fM, 1 fM zun*, von * bis * noch 6 x wdh. [21]

4. Rd: *2 fM, 1 fM zun*, von * bis * noch 6 x wdh. [28]

5. Rd: *3 fM, 1 fM zun*, von * bis * noch 6 x wdh. [35]

6. Rd: *4 fM, 1 fM zun*, von * bis * noch 6 x wdh. [42]

7. Rd: 42 fM.

8. Rd: *5 fM, 1 fM zun*, von * bis * noch 6 x wdh. [49]

9.–17. Rd: 49 fM.

18. Rd: *5 fM, 1 fM abn*, von * bis * noch 6 x wdh. [42]

19. Rd: 42 fM.

Beginne, die Rassel fortlaufend mit Füllwatte auszustopfen. Stopfe zuerst die inneren Seiten aus und lege dann die Rasseldose mittig in die Rassel sein.

20. Rd: *4 fM, 1 fM abn*, von * bis * noch 6 x wdh. [35]

Fb-Wechsel zu Camel.

21. Rd: Alles ihM, *3 fM, 1 fM abn*, von * bis * noch 6 x wdh. [28]

22. Rd: *2 fM, 1 fM abn*, von * bis * noch 6 x wdh. [21]

23. Rd: *1 fM, 1 fM abn*, von * bis * noch 6 x wdh. [14]

24. Rd: 14 fM ivM.

25.–36. Rd: 14 fM.

37. Rd: *4 fM, 1 fM zun*, von * bis * noch 1 x wdh, 4 fM. [16]

38. Rd: 16 fM.

39. Rd: *5 fM, 1 fM zun*, von * bis * noch 1 x wdh, 4 fM. [18]

40. Rd: 18 fM.

41. Rd: *6 fM, 1 fM zun*, von * bis * noch 1 x wdh, 4 fM. [20]

42.–44. Rd. 20 fM.

45. Rd: *4 fM, 1 fM abn*, von * bis * noch

2 x wdh, 2 fM. [17]
46. Rd: *3 fM, 1 fM abn*, von * bis * noch 2 x wdh, 2 fM. [14]
47. Rd: 7 x 1 M abn. [7]

Den Faden durch alle vorderen M-Glieder fädeln und festziehen. Faden vernähen. Besticke den runden Teil der Rassel (Silver Green) mit Knötchenstichen mit Old Lace.

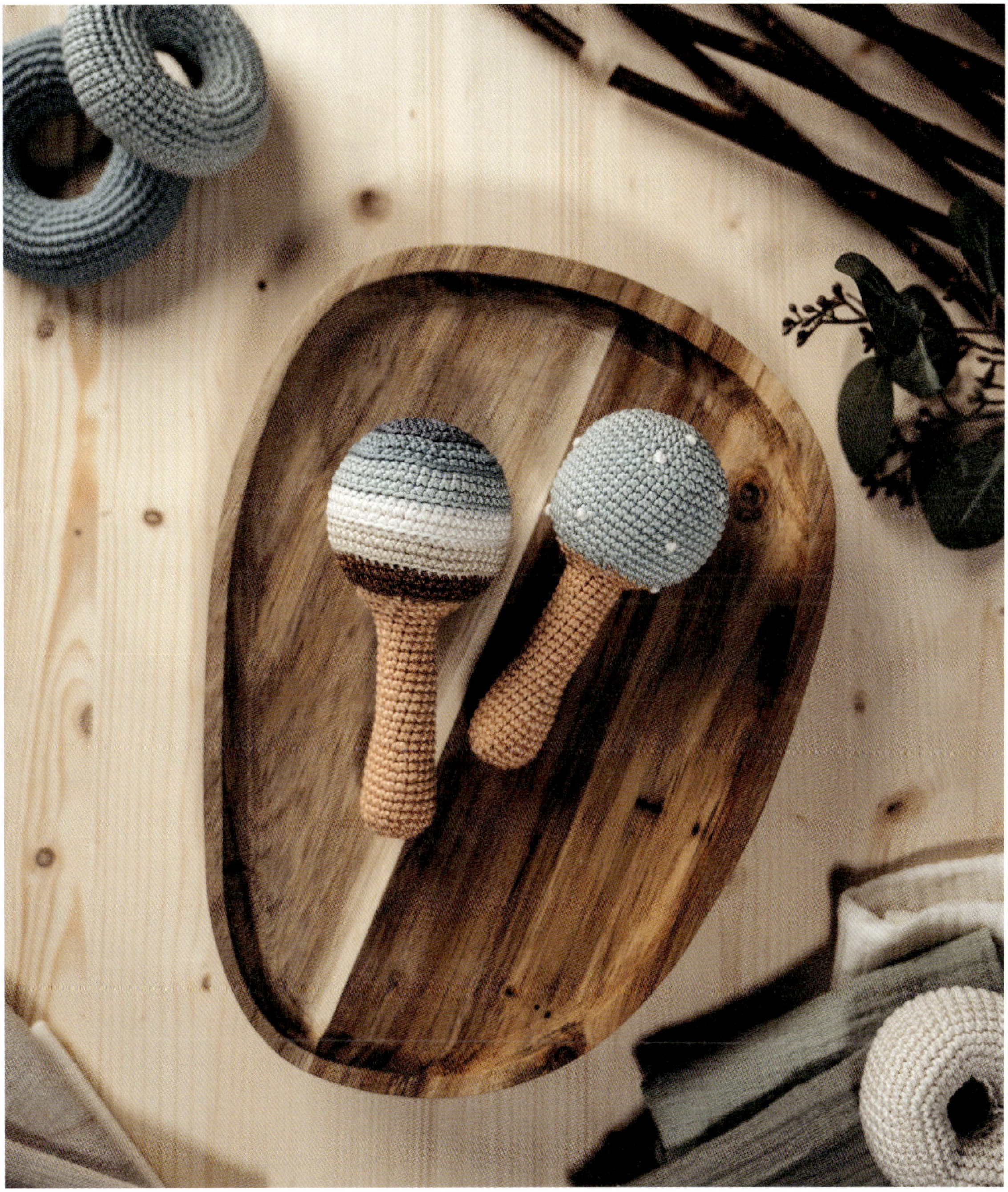

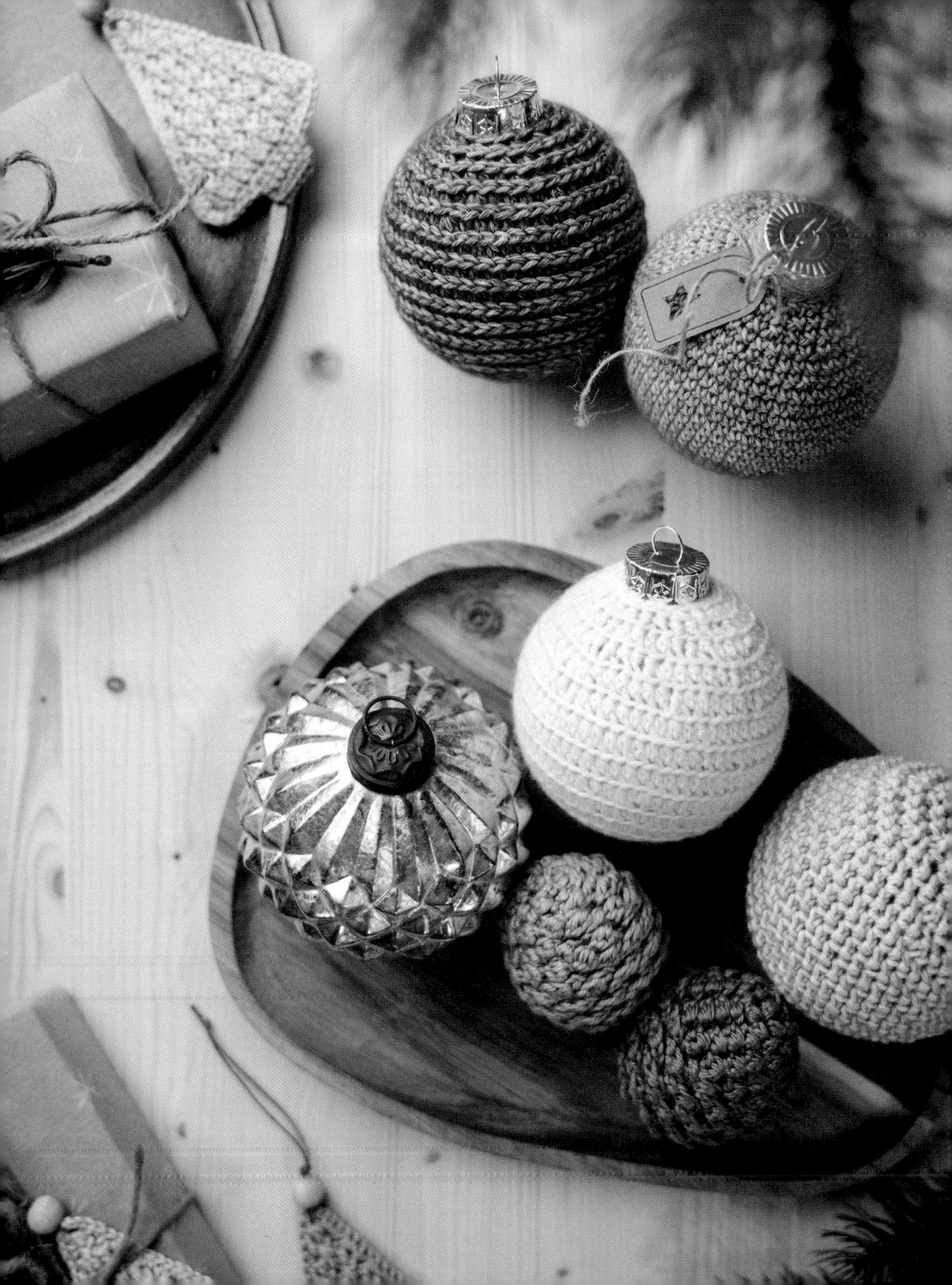

Weihnachten mit nordischem Flair

Nostalgischer Tannenbaumanhänger

Größe

ca. 11 cm

Material

- Scheepjes Catona [100% Baumwolle LL 125 m/50 g] in:
  - Silver Green (Fb 402), ca. 15 g
  - Caramel (Fb 506), Rest
- Häkelnadel 2,5
- Stopfnadel zum Vernähen

SO GEHT´S

Der Tannenbaumanhänger wird im Alpinmuster gehäkelt. Eine genauere Erklärung zu dem Muster, und wie es gehäkelt wird, findest du auf S. 39. Es werden zwei Teile benötigt, die im Anschluss zusammengehäkelt werden. Am Anfang der Hin-R immer 3 Lm häkeln, diese zählen als Stb-Ersatz und werden bei der Angabe der Gesamtmaschenanzahl mitgerechnet. Daher in der folgenden Rück-R auch immer in die oberste Lm häkeln. Die Zunahmen finden immer am Anfang und am Ende der Hin-R statt.

TANNENBAUM (2 X IN SILVER GREEN)

Häkle in R, beginne mit einem Fadenring.

1. R: 3 Lm als Stb-Ersatz, 2 Stb in einen Fadenring. Fadenring nur locker zuziehen [3]

2. R (Rück-R): 3 fM. [3]

3. R (Hin-R): 3 Lm, 1 Stb, 1 RDStbv, 1 Stb zun. [5]

4. R: 5 fM.

5. R: 3 Lm, 1 Stb, 1 RDStbv, 1 Stb, 1 RDStbv, 1 Stb zun. [7]

6. R: 7 fM.

7. R: 3 Lm, 1 Stb, *1 RDStbv, 1 Stb*, von * bis * noch 1 x wdh, 1 RDStbv, 1 Stb zun. [9]

8. R: 9 fM.

9. R: 3 Lm, 1 Stb, *1 RDStbv, 1 Stb*, von * bis* noch 2 x wdh, 1 RDStbv, 1 Stb zun. [11]

10. R: 11 fM.

11. R: 3 Lm, 1 Stb, *1 RDStbv, 1 Stb*, von * bis * noch 3 x wdh, 1 RDStbv, 1 Stb zun. [13]

12. R: 13 fM.

13. R: 3 Lm, 1 Stb, *1 RDStbv, 1 Stb*, von * bis * noch 4 x wdh, 1 RDStbv, 1 Stb zun. [15]

Arbeit beenden. Häkle nun einen zweiten Tannenbaum, schneide den Faden diesmal nicht ab, er wird direkt mit Teil 1 zusammengehäkelt.

Fertigstellen

Beide Tannenbäume links auf links aufeinanderlegen und häkle sie mit fM zusammen. Dazu immer seitlich in die Stb 2 fM und in die fM 1 fM häkeln. Oben in den Fadenring häkelst du: 2 fM, Lm, 2 fM. Damit du schön um die unteren Ecken kommst, häkle zusätzlich 1 Lm. Arbeit beenden.
Der Baumstamm wird wie folgt gehäkelt: Beginne mit einer stehenden fM und häkle mittig 6 fM. Zwei weitere R mit 6 fM häkeln. Nun kannst du noch eine Schnur zum Aufhängen anbringen.

Häkelschrift

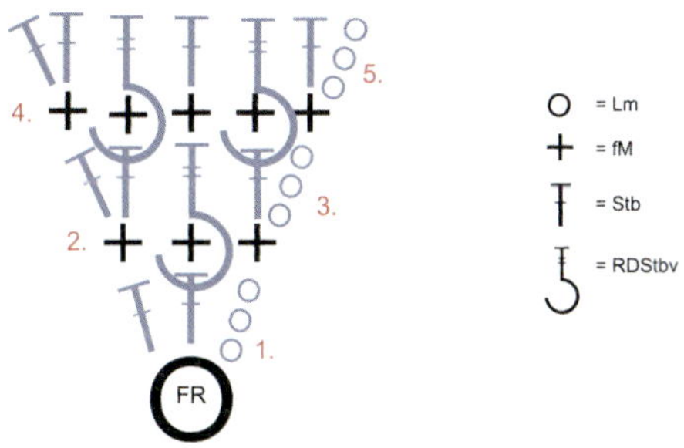

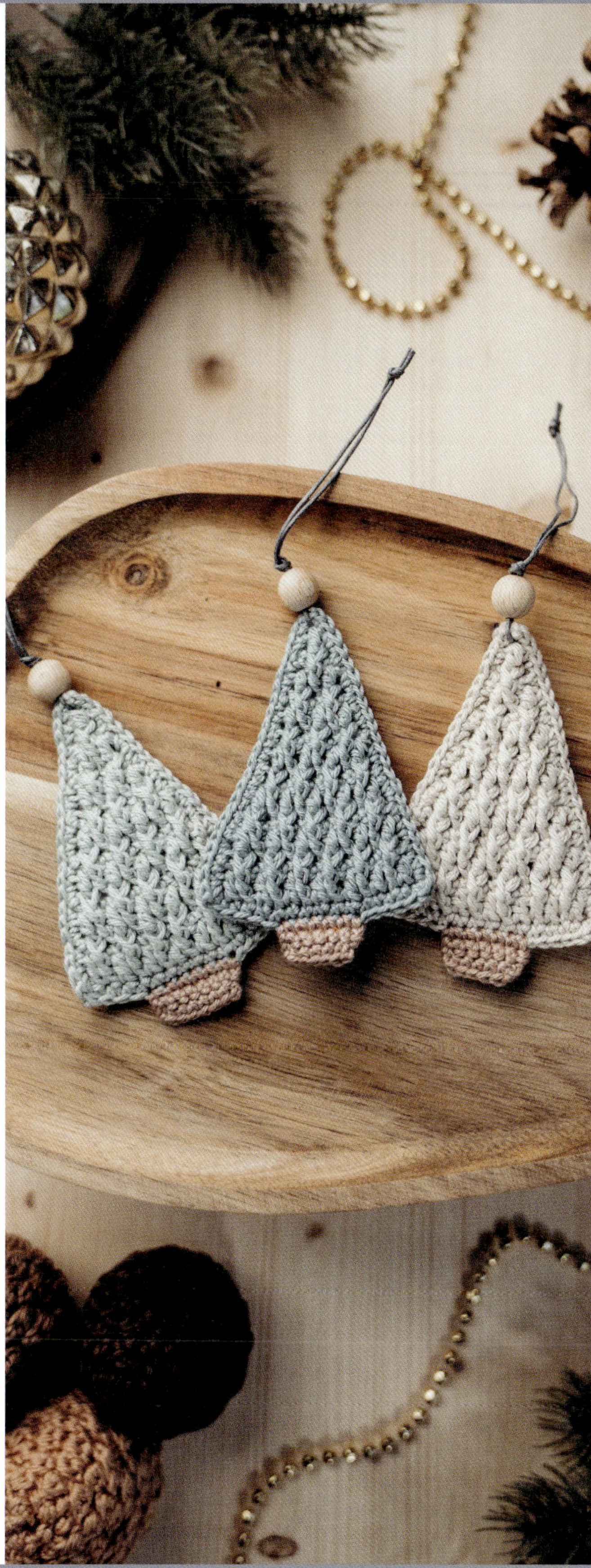

Zauberhafter Pinienzapfen

Größe

ca. 6 cm

Material

- Scheepjes Catona [100 % Baumwolle, LL 125 m/50 g] in
  - Black Coffee (Fb 162), ca. 20 g
- Häkelnadel 2,5 mm
- Füllwatte
- Stopfnadel zum Vernähen

PINIENZAPFEN – GRUNDGERÜST (IN BLACK COFFEE)

In Spiral-Rd häkeln. Ab Rd 5 alles ins hintere M-Glied häkeln. Fortlaufend mit Füllwatte ausstopfen.

1. Rd: 6 fM in einen Fadenring.

2. Rd: 6 x 1 fM zun. [12]

3. Rd: *1 fM, 1 fM zun*, von * bis * noch 5 x wdh. [18]

4. Rd: *2 fM, 1 fM zun*, von * bis * noch 5 x wdh. [24]

Ab hier wird alles ins hintere M-Glied gehäkelt. Mit einem Faden die einzelnen Rd-Anfänge markieren. (→ Bild 1) Wenn später die Schuppen gehäkelt werden, dient dieser als Orientierung.

5. Rd: *3 fM, 1 fM zun*, von * bis * noch 5 x wdh. [30]

6.–11. Rd: 30 fM. Das letzte vMg mit einem

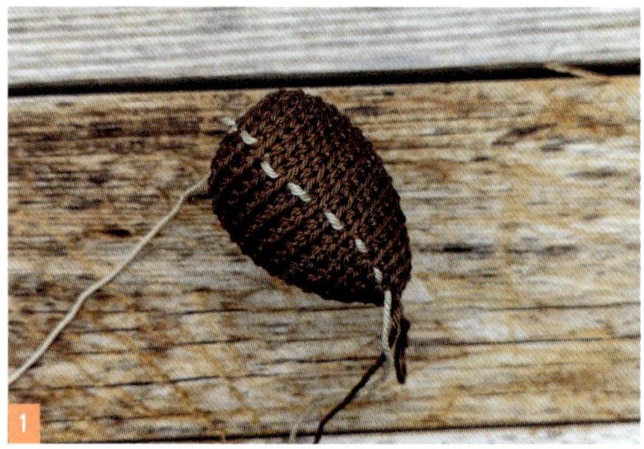

MM kennzeichnen, zur späteren Orientierung.

12. Rd: *4 fM, 1 fM abn, 4 fM*, von * bis * noch 2 x wdh. [27]

13. Rd: *5 fM, 1 fM abn*, von * bis * noch 2 x wdh, 4 fM, 1 fM abn. [23]

14. Rd: 3 fM, 1 fM abn, *4 fM, 1 fM abn*, von * bis * noch 2 x wdh. [19]

15. Rd: *3 fM, 1 fM abn*, von * bis * noch 2 x wdh, 2 fM, 1 fM abn. [15]

16. Rd: *3 fM, 1 fM abn*, von * bis * noch 2 x wdh. [12]

17. Rd: 6 x 1 fM abn, Lm, wenden [6]

Nicht abketten, es geht direkt mit den Schuppen weiter.

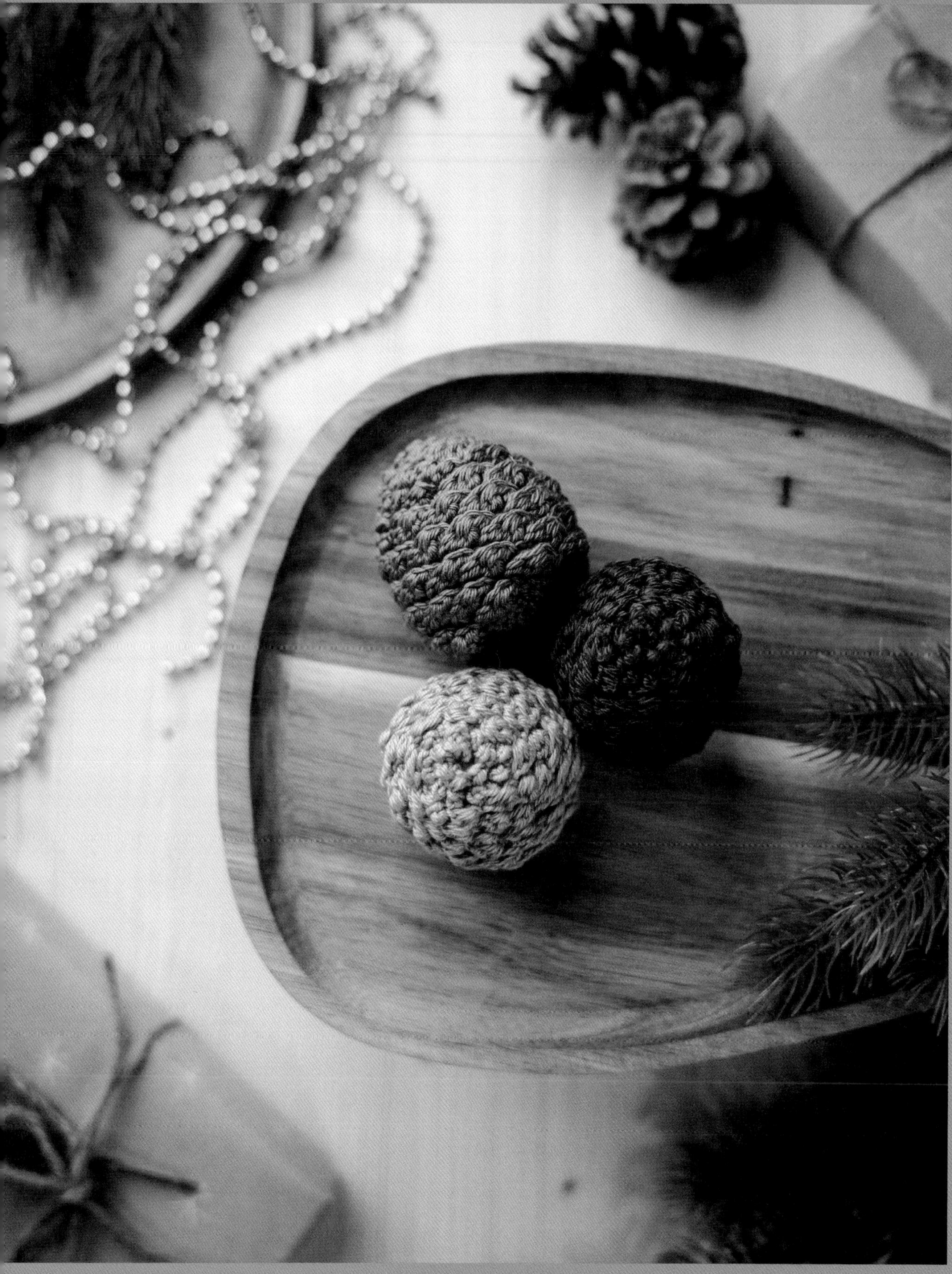

SCHUPPEN (IN BLACK COFFEE)

Die Schuppen werden in Spiralrunden in die vorderen M-Glieder des Grundgerüstes gehäkelt. Durch das Wenden sieht man später die »Rückseite« der Maschen. Die Schuppen werden fortlaufend über die angegebenen Rd gehäkelt. Das Grundgerüst des Zapfens so halten, dass die Spitze zu einem hin bzw. nach unten zeigt. (→ Bild 2) Mit der Häkelnadel von der Spitze des Zapfens kommend, durch das entsprechende M-Glied in Richtung des Fadenrings stechen. Der Beginn ist die zuletzt gehäkelte fM aus Rd 17.

1.–2. Rd: In die vMg der Rd 17 und 16 wie folgt häkeln: *in 1 M: 1 Km + 1 hStb + 1 Km*, von * bis * noch 17 x wdh. [18 Schuppen]

Ab hier werden die Schuppen fortlaufend über die Anzahl der angegebenen Rd gehäkelt.

3.–6. Rd: In die vMg der Rd 15 bis 12 wie folgt häkeln: *1 Km, 1 Lm, (in 1 M: 2 Stb zus abm), 1 Lm*, von * bis * noch 41 x wdh. Die nächste M müsste jetzt die M mit dem MM sein. [42 Schuppen]

7.–12. Rd: In die vMg der Rd 11 bis 6 wie folgt häkeln: *(in 1 M: 1 Km + 1 Lm + 1 hStb), 2 Stb zus abm, (in 1 M: 1 hStb + 1 Lm + 1 Km)*, von * bis * noch 44 x wdh. [45 Schuppen]

13. Rd: In die vMg der Rd 5 wie folgt häkeln: *(in 1 M: 1 Km + 1 Lm + 1 hStb), (in 1 M: 2 Stb zus abm), (in 1 M: 1 hStb + 1 Lm + 1 Km), 1 M überspringen*, von * bis * noch 7 x wdh. [8 Schuppen]

14. Rd: In die vMg der Rd 4 wie folgt häkeln: *(in 1 M: 1 Km + 1 Lm + 1 hStb), (in 1 M: 2 Stb zus abm), (in 1 M: 1 hStb + 1 Lm + 1 Km)*, von * bis * noch 6 x wdh. [7 Schuppen]

Das letzte vordere M-Glied bleibt frei. Arbeit beenden. Sollte an der Spitze des Zapfens die Öffnung zu groß sein und die Füllwatte herausschauen, nähe diese mit ein paar Stichen zu.

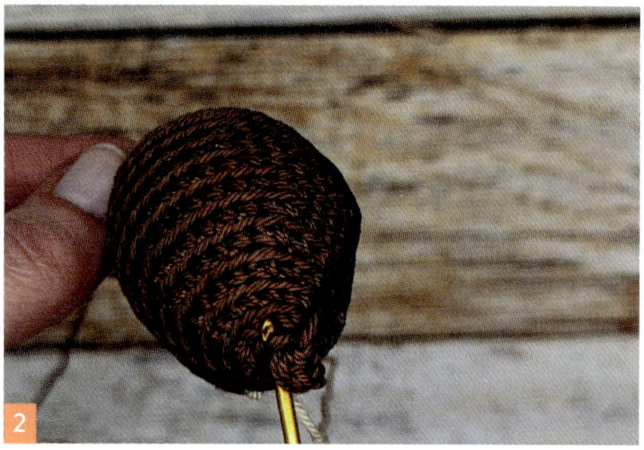
2

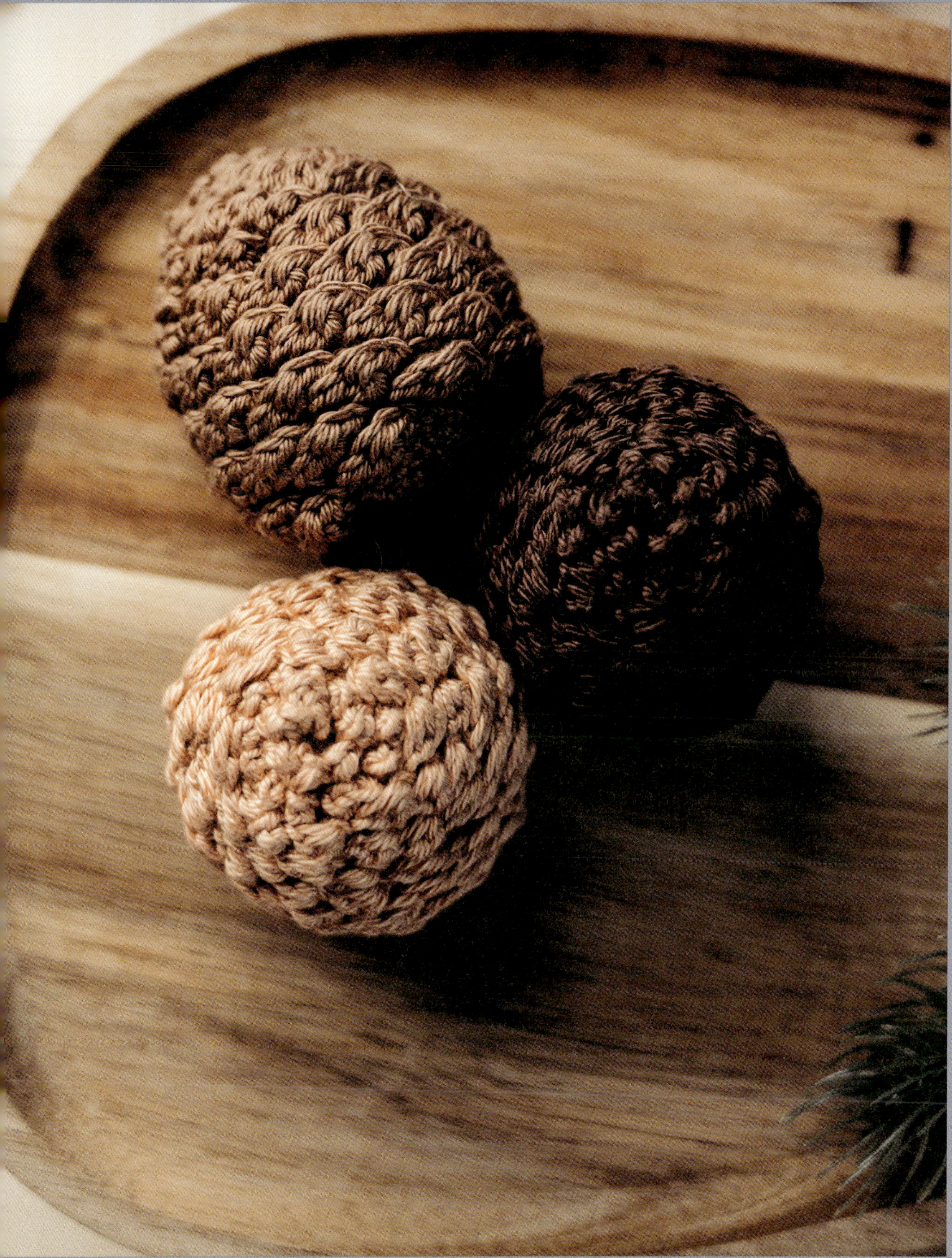

Heimelige Weihnachtskugeln

Größe

Ø 8 cm

Material

- Scheepjes Stone Washed [78 % Baumwolle, 22 % Acryl LL 130 m/50 g] in
  - Crystal Quartz (Fb 814), ca. 10 g
  - Braun Agate (Fb 822), ca. 15 g
  - Moon Stone (Fb 801), ca. 20 g
  - Boulder Opal (Fb 804), ca. 25 g
- Weihnachtskugeln Ø 8 cm
- Häkelnadel 3,0 mm
- Stopfnadel zum Vernähen

SO GEHT`S

Am besten nutzt du ausgediente Weihnachtskugeln und schenkst ihnen so eine zweite Chance. Zum Umhäkeln die obere Kappe abnehmen und nach der Fertigstellung wieder aufsetzen. Solltest du kleinere Kugeln haben, kannst du die Anleitung ganz einfach anpassen, indem du weniger Rd mit Zunahmen häkelst. Danach häkelst du so viele Rd in die Höhe, bis etwa 2/3 der Kugel bedeckt ist. Nun beginnst du mit den Abnahmen. Nach der 2. Rd Abnahmen solltest du die Kugel in dein Häkelstück einsetzen und so um die Kugel herum weiterhäkeln.

KUGEL MIT ROSENSTÄBCHEN (CRYSTAL QUARTZ)

Wie die Rosen-Stb gehäkelt werden, findest du bei den Küchentüchern auf S. 36. In Spiral-Rd häkeln.

1. Rd: 8 Rosen-Stb in einen Fadenring.

2. Rd: 8 x 1 Rosen-Stb zun. [16]

3. Rd: *1 Rosen-Stb, 1 Rosen-Stb zun*, von * bis * noch 7 x wdh. [24]

4. Rd: *1 Rosen-Stb, 1 Rosen-Stb zun, 1 Rosen-Stb*, von * bis* noch 7 x wdh. [32]

5. Rd: *3 Rosen-Stb, 1 Rosen-Stb zun*, von * bis * nach 7 x wdh. [40]

6. Rd: *2 Rosen-Stb, 1 Rosen-Stb zun, 2 Rosen-Stb*, von * bis * noch 7 x wdh. [48]

7.–13. Rd: 48 Rosen-Stb.

In der nächsten Rd beginnen die Abnahmen. Wie du diese häkelst, wird im Hinweis auf S. 118 erklärt.

14. Rd: *2 Rosen-Stb, 1 Rosen-Stb abn, 2 Rosen-Stb*, von * bis * noch 7 x wdh. [40]

15. Rd: *3 Rosen-Stb, 1 Rosen-Stb abn*, von * bis * noch 7 x wdh. [32]

Kugel einsetzen.

16. Rd: *1 Rosen-Stb, 1 Rosen-Stb abn, 1 Rosen-Stb*, von * bis * noch 7 x wdh. [24]

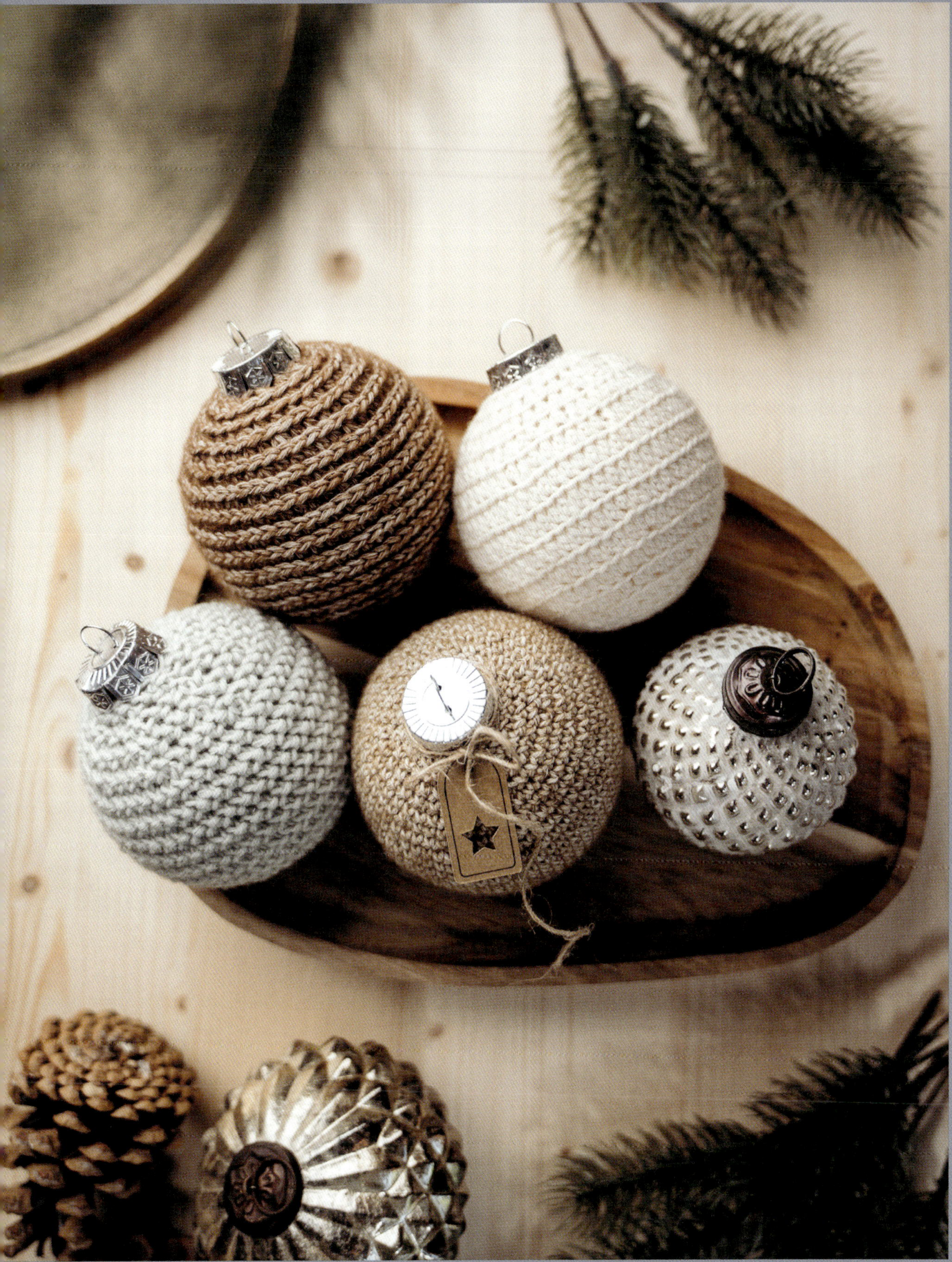

17. Rd: *1 Rosen-Stb, 1 Rosen-Stb abn*, von * bis * noch 7 x wdh. [16]
Sollte die Öffnung deiner Kugel enger sein, nimm noch ein paar M ab.
Arbeit beenden und die Kappe der Kugel wieder aufsetzen.

▶ Hinweis: Wie werden die Abnahmen bei den Rosenstäbchen gehäkelt?
Nimm einen Umschlag auf die Nd und stich nun in die beiden nächsten vorderen M-Glieder ein. Du hast jetzt 4 Schlingen auf der Nd. Jetzt holst du den Faden und ziehst ihn durch 3 Schlingen auf deiner Nadel (= die beiden vorderen M-Glieder und der Umschlag). Nun hast du 2 Schlingen auf der Nadel, hole den Faden erneut und masche wie gewohnt ab.

KUGEL MIT BREITER QUERRIPPE (BROWN AGATE)

Wie man die hStb mit breiter Querrippe häkelt, findest du bei den Küchentüchern auf S. 40. Die quer liegende Schlinge findest du hinter dem hinteren M-Glied. (→ Bild 1–2)
In Spiral-Rd häkeln.
1. Rd: 8 hStb in einen Fadenring.
Ab hier immer in die quer liegende Schlinge hinter dem hinteren M-Glied häkeln.
2. Rd: 8 x 1 hStb zun. [16]
3. Rd: *1 hStb, 1 hStb zun*, von * bis * noch 7 x wdh. [24]
4. Rd: *1 hStb, 1 hStb zun, 1 hStb*, von * bis* noch 7 x wdh. [32]
5. Rd: *3 hStb, 1 hStb zun*, von * bis * noch 7 x wdh. [40]
6. Rd: *2 hStb, 1 hStb zun, 2 hStb*, von * bis * noch 7 x wdh. [48]
7. Rd: *5 hStb, 1 hStb zun*, von * bis * noch 7 x wdh. [56]
8.–13. Rd: 56 hStb.
14. Rd: *5 hStb, 1 hStb abn*, von * bis * noch 7 x wdh. [48]
15. Rd: *2 hStb, 1 hStb abn, 2 hStb*, von * bis * noch 7 x wdh. [40]
Kugel einsetzen.
16. Rd: *3 hStb, 1 hStb abn*, von * bis * noch 7 x wdh. [32]
17. Rd: *1 hStb, 1 hStb abn, 1 hStb*, von * bis * noch 7 x wdh. [24]
18. Rd: *1 hStb, 1 hStb abn*, von * bis * noch 7 x wdh. [16]
Sollte die Öffnung deiner Kugel enger

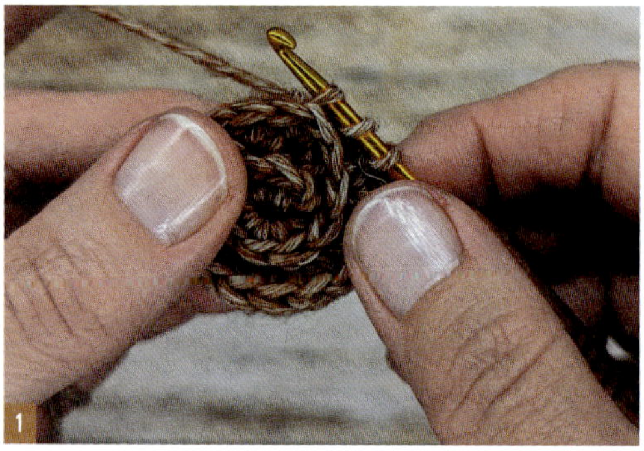

1

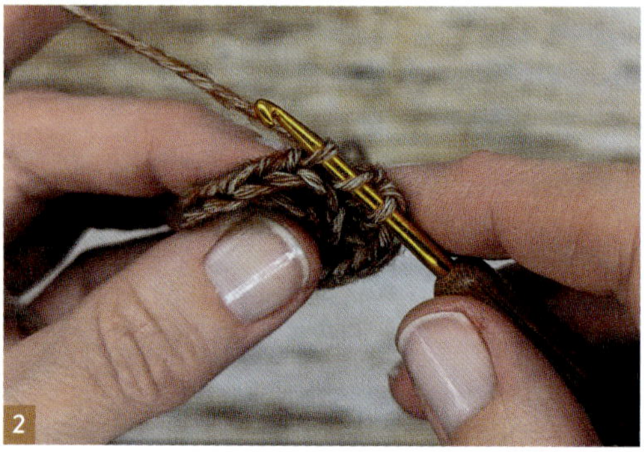

2

sein, nimm noch ein paar M ab.
Arbeit beenden und die Kappe der Kugel wieder aufsetzen.

KUGEL MIT SCHMALER QUERRIPPE (MOON STONE)

In Spiral-Rd häkeln.
1. Rd: 8 hStb in einen Fadenring.
Ab hier immer in das hintere M-Glied häkeln.
2. Rd: 8 x 1 hStb zun. [16]
3. Rd: *1 hStb, 1 hStb zun*, von * bis * noch 7 x wdh. [24]
4. Rd: *1 hStb, 1 hStb zun, 1 hStb*, von * bis* noch 7 x wdh. [32]
5. Rd: *3 hStb, 1 hStb zun*, von * bis * nach 7 x wdh. [40]
6. Rd: *2 hStb, 1 hStb zun, 2 hStb*, von * bis * noch 7 x wdh. [48]
7. Rd: *5 hStb, 1 hStb zun*, von * bis * noch 7 x wdh. [56]
8. Rd: *3 hStb, 1 hStb zun, 3 hStb*, von * bis * noch 7 x wdh. [64]
9.-11. Rd: 64 hStb.
12. Rd: *3 hStb, 1 hStb abn, 3 hStb*, von * bis * noch 7 x wdh. [56]
13. Rd: *5 hStb, 1 hStb abn*, von * bis * noch 7 x wdh. [48]
Kugel einsetzen.
14. Rd: *2 hStb, 1 hStb abn, 2 hStb*, von * bis * noch 7 x wdh. [40]
15. Rd: *3 hStb, 1 hStb abn*, von * bis * noch 7 x wdh. [32]
16. Rd: *1 hStb, 1 hStb abn, 1 hStb*, von * bis * noch 7 x wdh. [24]
Sollte die Öffnung deiner Kugel enger sein, nimm noch ein paar M ab.
Arbeit beenden und die Kappe der Kugel wieder aufsetzen.

KUGEL IM KREUZMUSTER (BOULDER OPAL)

Das Kreuzmuster ist eine Variante, die fM zu häkeln. Das Maschenbild sieht wie ein kleines X aus, daher wird diese Variante der fM auch oft X-Masche genannt. Falls du diese Art der fM nicht kennst, lies gerne beim Hinweis auf S. 120 weiter.
In Spiral-Rd häkeln. Alle fM im Kreuzmuster häkeln.
1. Rd: 6 fM in einen Fadenring.
2. Rd: 6 x 1 hStb zun. [12]
3. Rd: *1 fM, 1 fM zun*, von * bis * noch 5 x wdh. [18]
4. Rd: *1 fM, 1 fM zun, 1 fM*, von * bis* noch 5 x wdh. [24]
5. Rd: *3 fM, 1 fM zun*, von * bis * nach 5 x wdh. [30]
6. Rd: *2 fM, 1 fM zun, 2 fM, von * bis * noch 5 x wdh. [36]
7. Rd: *5 fM, 1 fM zun*, von * bis * noch 5 x wdh. [42]
8. Rd: *3 fM, 1 fM zun, 3 fM*, von * bis * noch 5 x wdh. [48]
9. Rd: *7 fM, 1 fM zun*, von * bis * noch 5 x wdh. [54]
10. Rd: *4 fM, 1 fM zun, 4 fM*, von * bis * noch 5 x wdh. [60]
11. Rd: *9 fM, 1 fM zun*, von * bis * noch 5 x wdh. [66]
12.-20. Rd: 66 fM.
21. Rd: *9 fM, 1 fM abn*, von * bis * noch

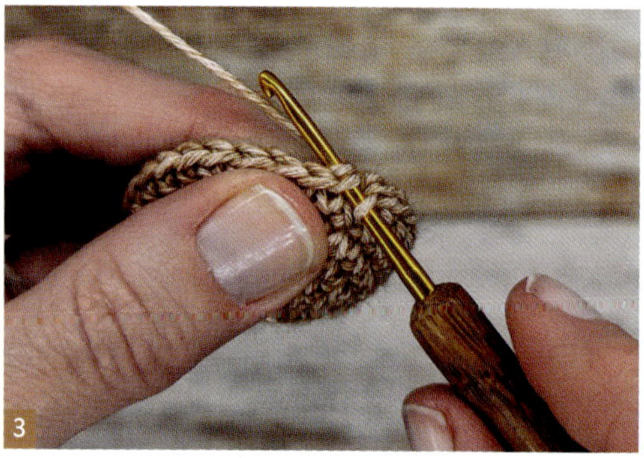

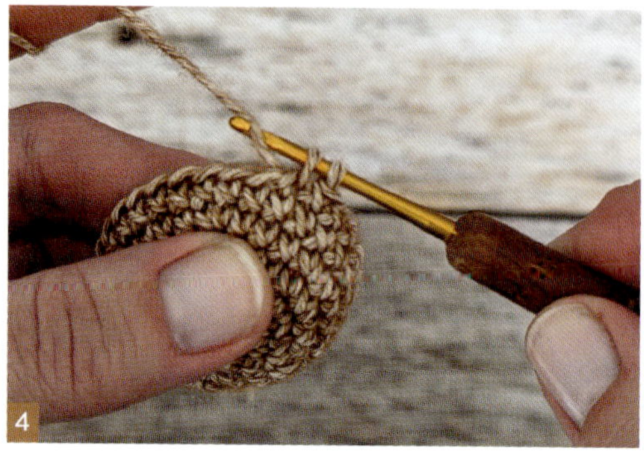

5 x wdh. [60]
22. Rd: *4 fM, 1 fM abn, 4 fM*, von * bis * noch 5 x wdh. [54]
23. Rd: *7 fm, 1 fM abn*, von * bis * noch 5 x wdh. [48]
Kugel einsetzen.
24. Rd: *3 fM, 1 fM abn, 3 fM*, von * bis * noch 5 x wdh. [42]
25. Rd: *5 fM, 1 fM abn*, von * bis * noch 5 x wdh. [36]
26. Rd: *2 fM, 1 fM abn, 2 fM*, von * bis * noch 5 x wdh. [30]
27. Rd: *3 fM, 1 fM abn*, von * bis * noch 5 x wdh. [24]
28. Rd: *1 fM, 1 fM abn, 1 fM*, von * bis * noch 5 x wdh. [18]

Sollte die Öffnung deiner Kugel enger sein, nimm noch ein paar M ab.
Arbeit beenden und die Kappe der Kugel wieder aufsetzen.

▶ Hinweis: Der Unterschied bei den Kreuz- oder X-Maschen liegt darin, wie der Faden mit der Häkelnadel durch die M geholt wird. Stich mit der Nd durch die M, Faden so holen, dass der Faden unter der Nd liegt. (⟶ Bild 3) Beim erneuten Fadenholen liegt der Faden vor der Nadel. (⟶ Bild 4) So entsteht das kleine X anstelle des sonst üblichen V's. Diese Art der fM wird gerne genutzt, wenn das M-Bild besonders dicht sein soll, wie z. B. bei Amigurumi.

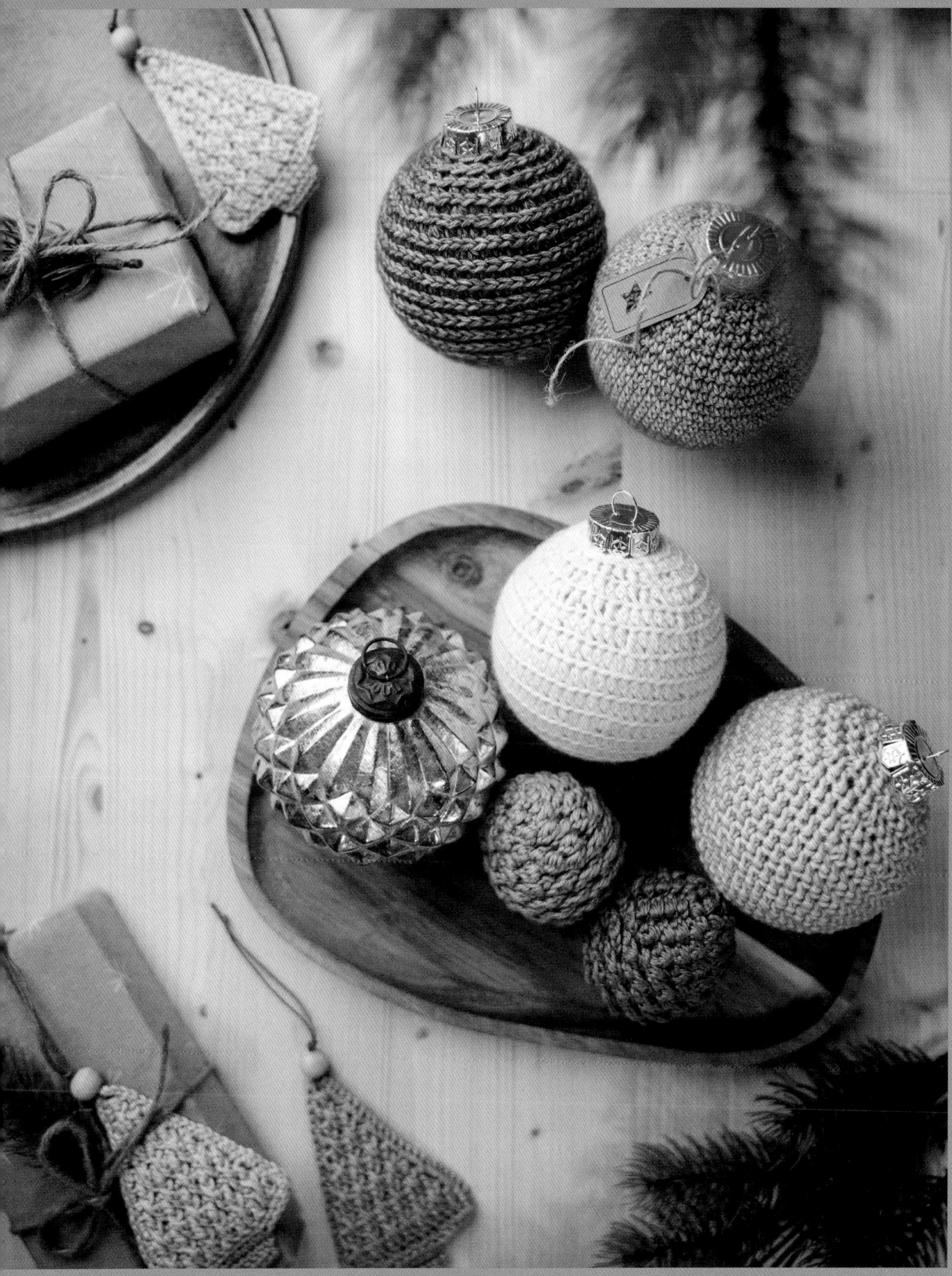

Danksagung

Wir bedanken uns bei allen, die dieses Buch gekauft haben, um sich ein bissen von diesem hyggeligen »Skandi« nach Hause zu holen, und wünschen allen gemütliche und entspannte Stunden beim Häkeln! Viel Freude mit den selbst geschaffenen Dingen, die sich übrigens alle auch hervorragend verschenken lassen.

Ein großes Dankeschön geht auch an alle unsere Testerinnen, die uns mit viel Begeisterung und Freude zur Seite standen und uns nach Kräften unterstützt haben. Ihr seid alle fantastisch!

Natürlich wurden die Modelle dieses Buches auch wieder von unseren vierbeinigen Fellnasen auf Katzen- und Hundetauglichkeit sehr sorgfältig überprüft.

Außerdem möchten wir uns bei allen Mitarbeiter*innen innerhalb und außerhalb des Verlages bedanken, die an diesem Buch mitgearbeitet haben und es so zu einem einzigartigen Werk gemacht haben – allen voran unserer Lektorin Isabella Krüger!

Ein ganz besonderes Dankeschön geht an unsere Sponsoren Gründl, Rayher und Scheepjes, für die tollen Garne und die freundlichen Worte. Sowie an Rayher, die uns mit allen weiteren Bastelmaterialen großzügig unterstützt haben.

DANKE!

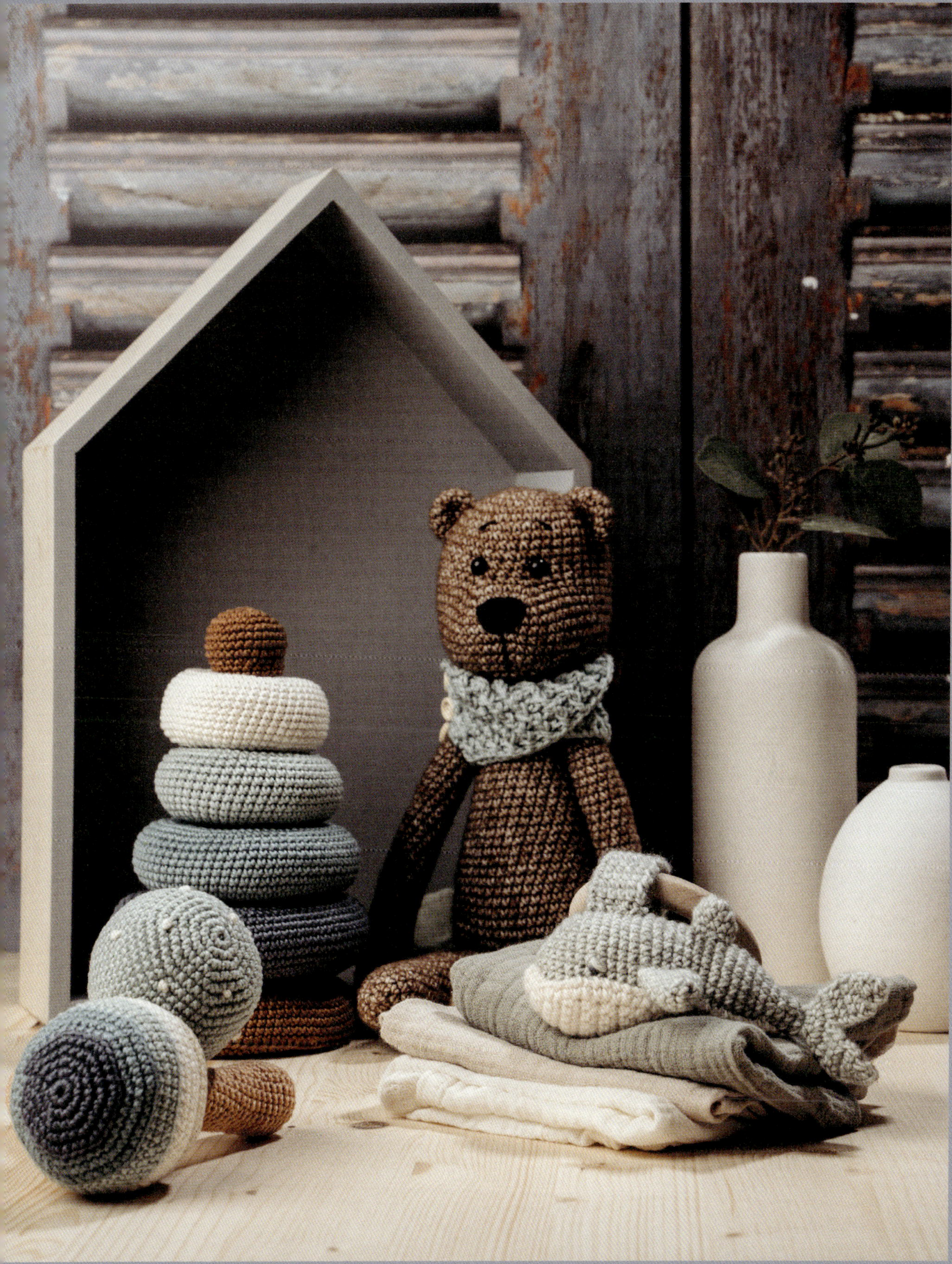

Über die Autorinnen

Silke Guhlmann lebt mit ihrem Mann und den beiden Söhnen in der Nähe von Mainz. Das Häkeln hat sie in der Grundschule gelernt, und ihre Oma stand ihr dabei immer mit Rat und Tat zur Seite. Als ihr Sohn einen gehäkelten Hasen, samt Anleitung, entdeckte und fragte, ob sie ihm auch einen häkeln könne, war ihr Interesse geweckt. Schnell war klar, dass es nicht bei diesem einen Amigurumi bleiben würde. Seit 2020 zeigt Silke bei Instagram unter dem Namen @total_verhaekelt ihre Arbeiten. Dort veröffentlicht sie kleine Anleitungen zum Nachhäkeln. Inspirationen und Ideen dazu sammelt sie bei ausgedehnten Gassi-Runden mit ihrer Hündin Nanna, die auch beim Häkeln am liebsten ganz in ihrer Nähe liegt. Ihr erstes Buch »Der Häkel-Adventskalender« – zusammen mit Inga Borges – erschien 2023 und schaffte es direkt auf die SPIEGEL-Bestsellerliste.

Inga Borges ist Designerin und Gründerin des Labels »Frau Line«. Das Häkeln hat sie gelernt, bevor sie in die Schule kam, und hat seitdem die Nadel nicht mehr losgelassen. Sie bloggt auf frau-line.de regelmäßig über Häkeln, Handarbeit und Nachhaltigkeit und arbeitet als Autorin für Häkelbücher, unter anderem für die erfolgreiche Reihe »Helden der Kindheit« und das erste Grundlagenwerk zum Amigurumihäkeln. Sie lebt mit ihrem Mann und dem kleinen Kater Moe in Münster. Noch mehr von Inga und ihren Designs gibt es bei @byfrauline bei Instagram.

Häkelergebnisse der Testerinnen

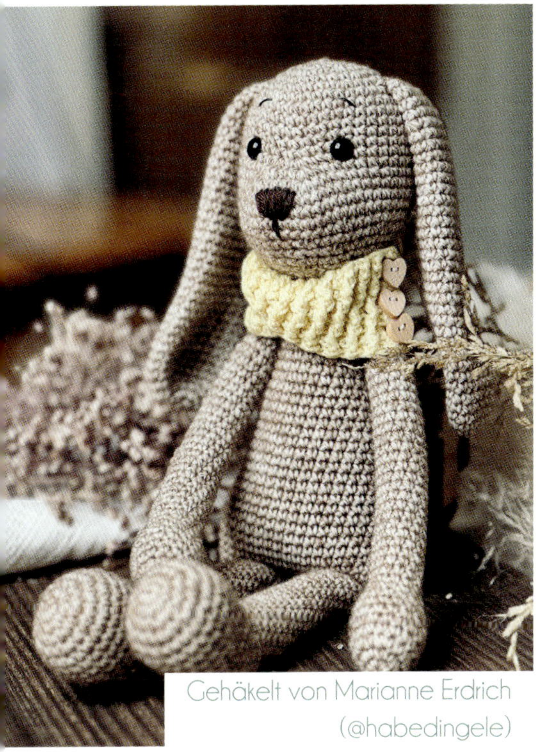

Gehäkelt von Marianne Erdrich (@habedingele)

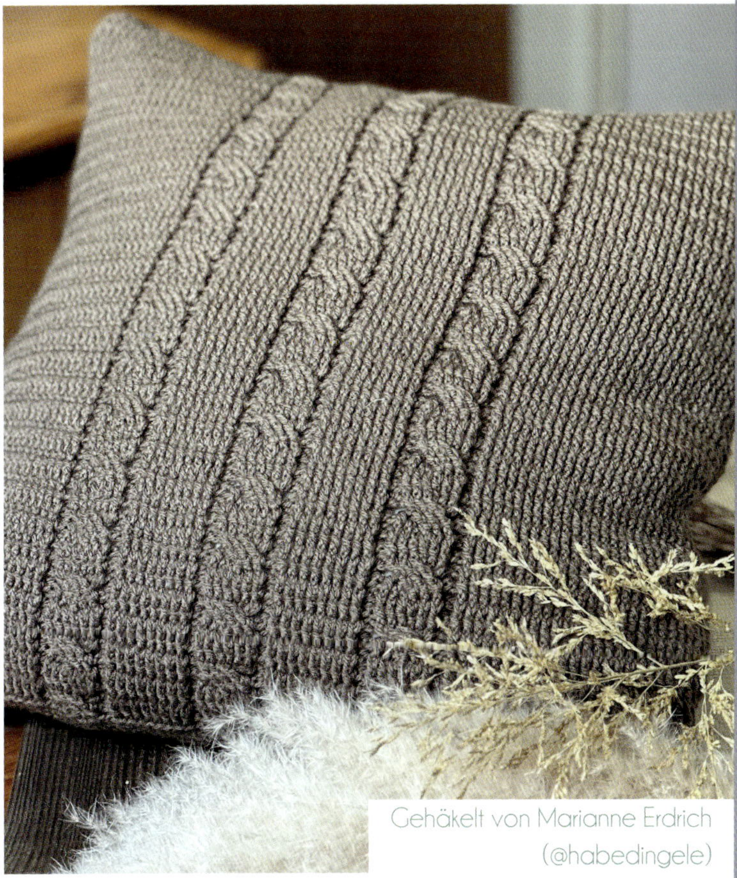

Gehäkelt von Marianne Erdrich (@habedingele)

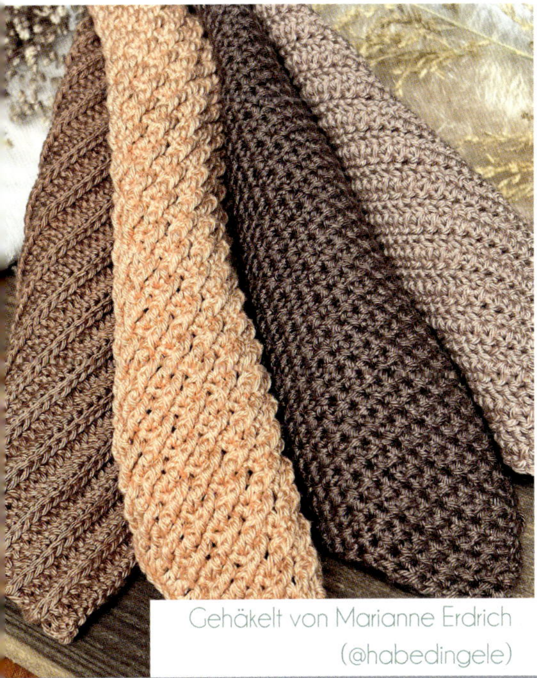

Gehäkelt von Marianne Erdrich (@habedingele)

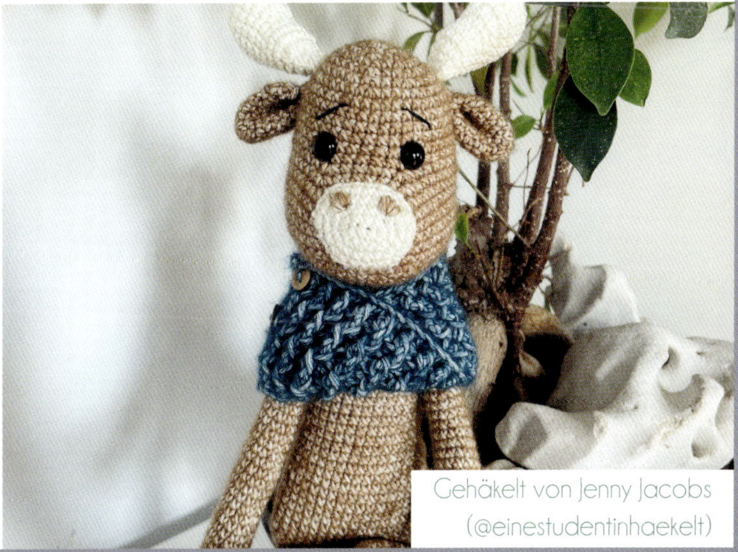

Gehäkelt von Jenny Jacobs (@einestudentinhaekelt)

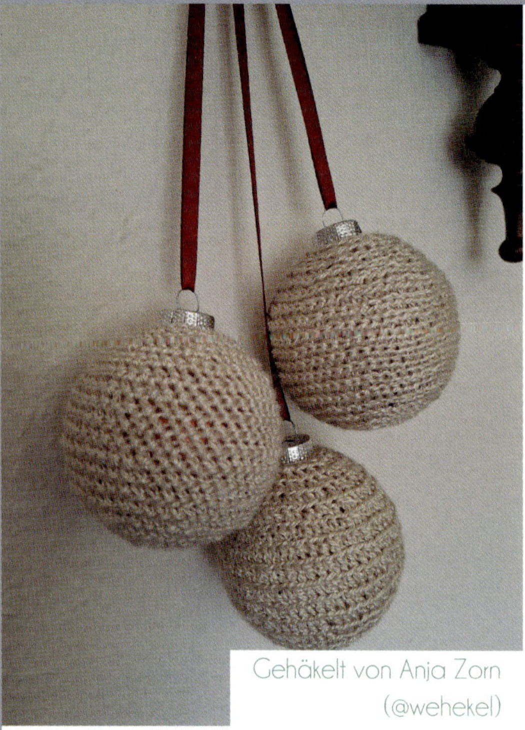

Gehäkelt von Anja Zorn
(@wehekel)

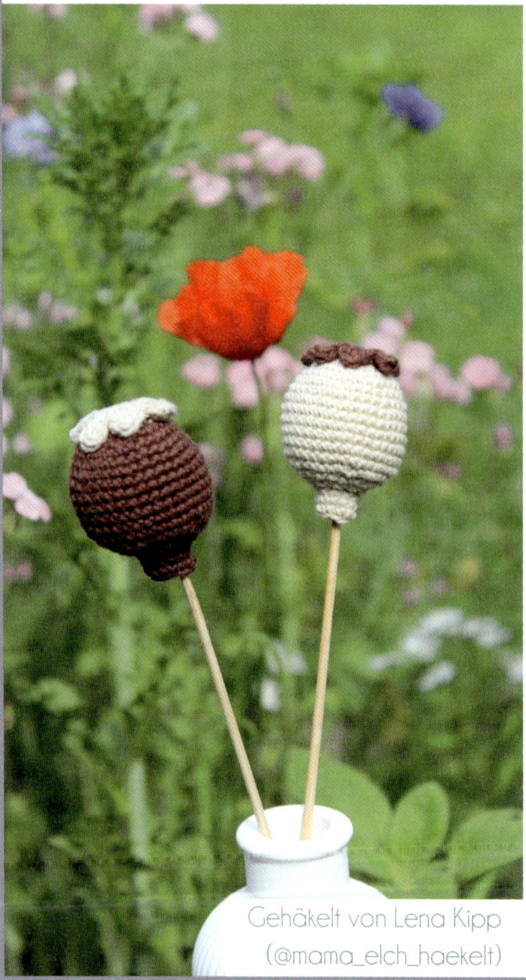

Gehäkelt von Lena Kipp
(@mama_elch_haekelt)

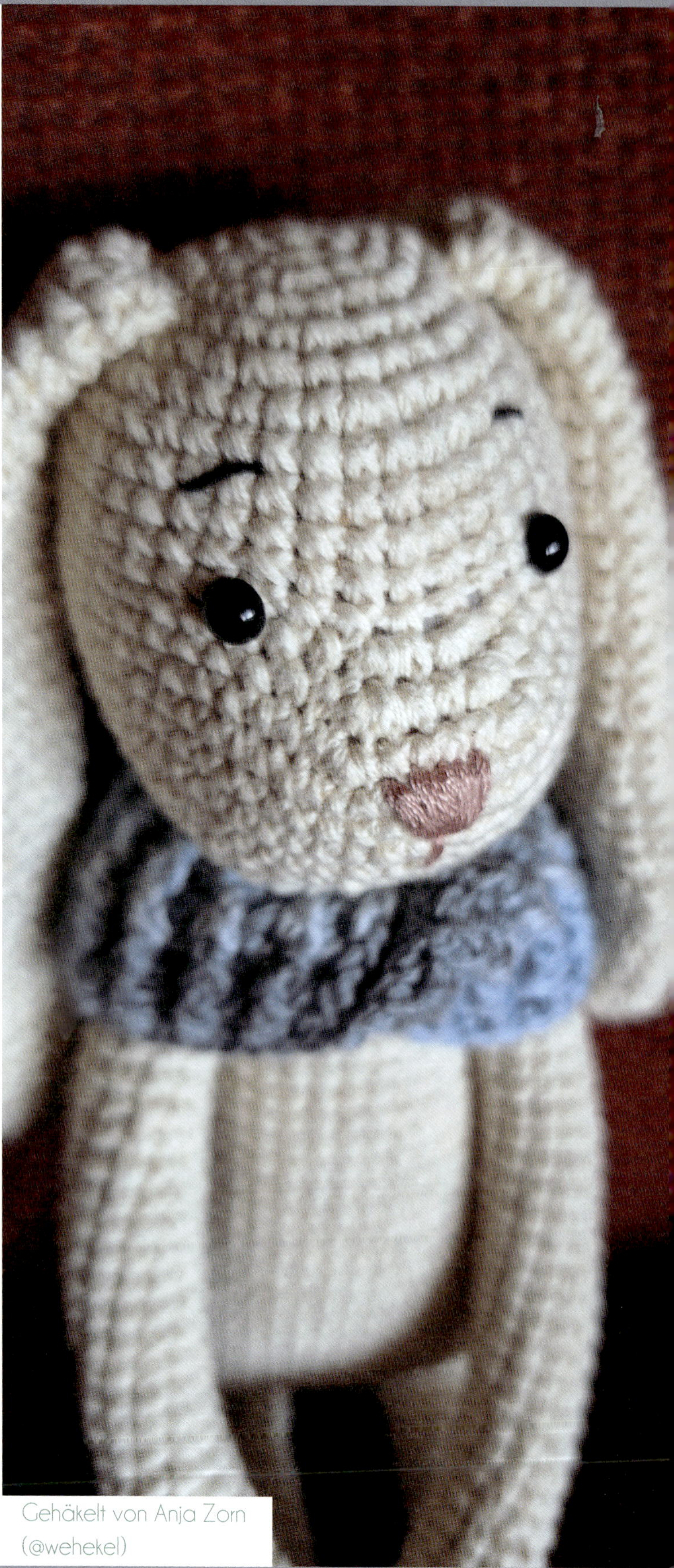

Gehäkelt von Anja Zorn
(@wehekel)

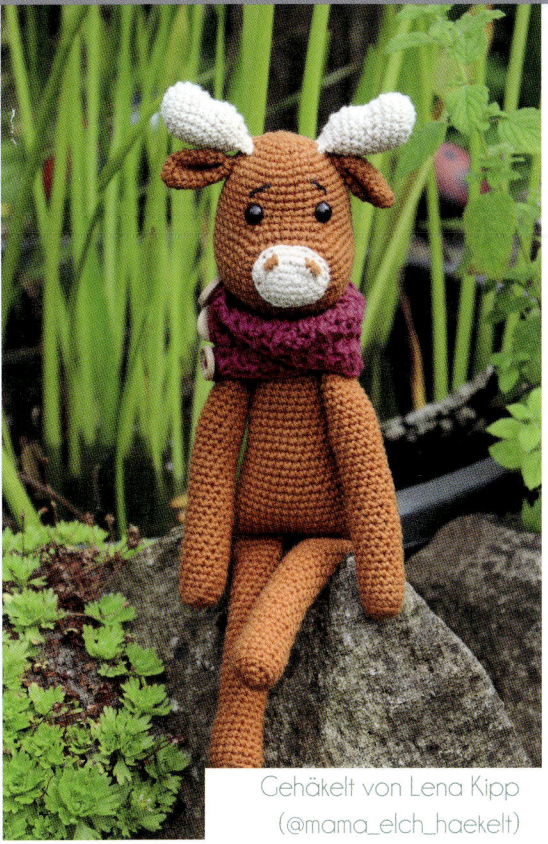

Gehäkelt von Lena Kipp
(@mama_elch_haekelt)

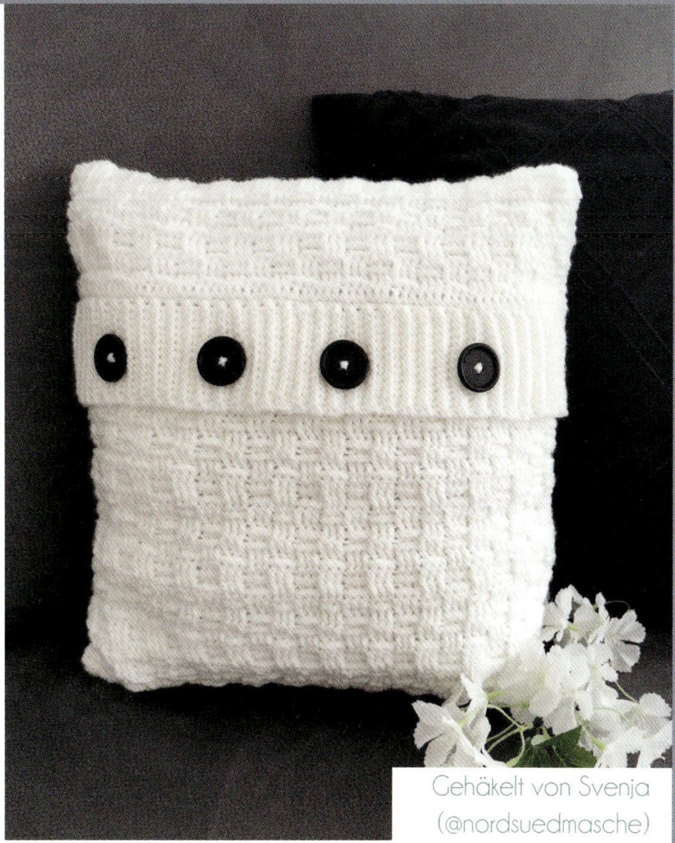

Gehäkelt von Svenja
(@nordsuedmasche)

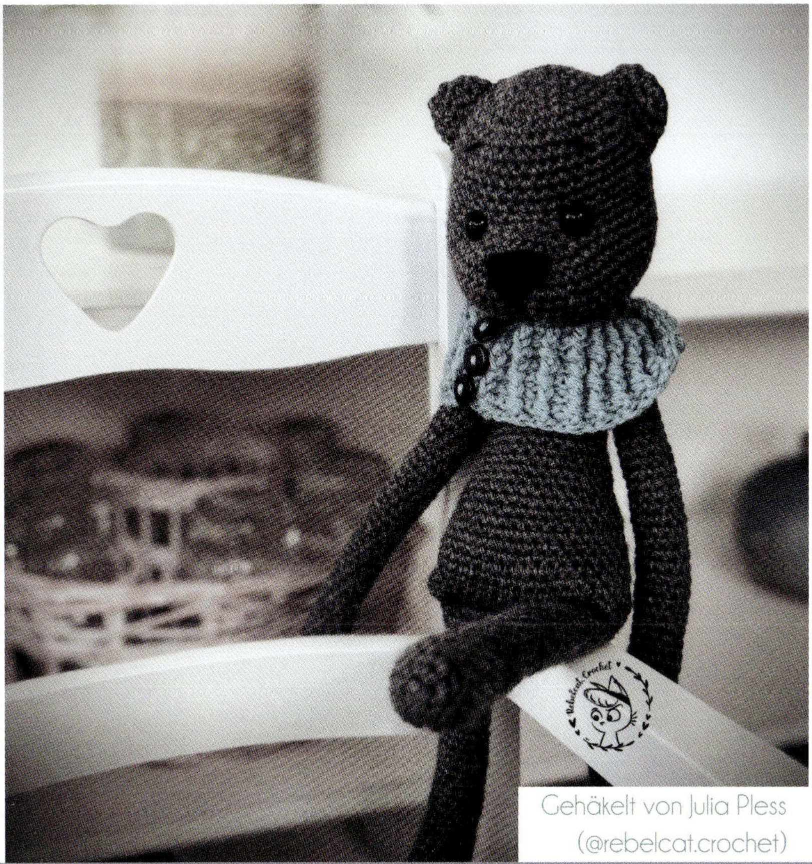

Gehäkelt von Julia Pless
(@rebelcat.crochet)

Bibliografische Information der Deutschen Nationalbibliothek
Die Deutsche Nationalbibliothek verzeichnet diese Publikation in der Deutschen Nationalbibliografie. Detaillierte bibliografische Daten sind im Internet über https://dnb.de abrufbar.

Für Fragen und Anregungen
info@m-vg.de

Originalausgabe
2. Auflage 2026

Türkenstraße 89
80799 München
Tel.: 089 651285-0

Redaktion: Annerose Sieck, Neumünster
Umschlaggestaltung und Layout: Pamela Machleidt
Umschlagabbildung und Fotos: Philip Berstermann Fotografie, Münster
Satz: Lara Nelles (schere.style.papier), München
Druck: Balto Print UAB, Litauen
Printed in the EU

ISBN Print 978-3-7474-0495-9
ISBN E-Book (PDF) 978-3-96121-325-2
ISBN E-Book (EPUB, Mobi) 978-3-96121-326-9

Wir produzieren nachhaltig
www.m-vg.de